스며들며
살아갑니다

스며들며 살아갑니다

초판 1쇄 인쇄 ㅣ 2025년 10월 17일
초판 1쇄 발행 ㅣ 2025년 10월 25일

지은이 장영아
편집 조성우, 손성실
디자인 권월화
일러스트 신병근
펴낸곳 생각비행
등록일 2010년 3월 29일 ㅣ 등록번호 제2010-000092호
주소 서울시 마포구 월드컵북로 132, 402호
전화 02) 3141-0485
팩스 02) 3141-0486
이메일 ideas0419@hanmail.net
블로그 ideas0419.com

스며들며
살아갑니다

장영아 지음

거제에서 생활하며 겪은
삶의 변화와 마음의 흔적

남편만 선택했는데
거제도가 왔다

남편 손을 잡고 눈을 질끈 감았다.

"거기도 다 사람 사는 덴데, 눈 딱 감고 몇 년만 버텨 보지 뭐."

그때는 몰랐다. 몇 년이 10년이 될 줄….

결혼은 서로의 과거, 현재, 미래를 함께 만나는 일이라고 한다. 말은 쉽다. 사랑하는 사람과 함께라면 어디든 갈 수 있을 거라는 자신감도 있었다. 하지만 '어디든'이 '거제도'라는 세 글자로 좁혀지는 순간, 자신감은 얇은 얼음장처럼 깨져 버렸다. 익숙한 부산에 신혼집을 마련했다. 주말부부, 적당히 떨어져 사는 관계도 의외로 좋았다. 사소한 말다툼도

줄고 짧은 만남은 더 애틋했다. 꼭 같이 살아야 가족인가 싶던 어느 날이었다.

"거제도서 딱 몇 년만 살까 싶다. 나중에 다시 나오면 되지 뭐."

불러 오는 배만큼 모성애도 커진 걸까. 상상도 못 한 말이 입에서 튀어나왔다. 태어날 딸아이에게 몇 년이라도 아빠와 함께 지내는 시간을 주고 싶었다. 말이 떨어지자마자 남편은 기다렸다는 듯 집을 보러 다녔다. 거제는 그렇게, 남편과 함께 삶으로 들어왔다.

경상남도 남쪽, 바다가 감싼 땅 거제. 우리나라에서 두 번째로 큰 섬. 해안선은 제주도보다 130킬로미터나 더 길다.

섬을 따라 펼쳐진 해안 절경과 온화한 기후는 사계절 내내 사람들에게 손짓한다. 한화오션과 삼성중공업이라는 두 대형 조선소가 자리한, 대한민국 조선업의 중심지이기도 하다. 윙윙거리는 기계음과 철컹이는 금속 소리가 조용한 섬의 아침을 깨운다. 푸른 파도와 뜨거운 불꽃이 함께 공존하는, 자연과 산업이 부딪히면서도 묘하게 어우러지는 곳이다.

이 풍경 속에서 나는 조금씩 흐려졌다. 어디든 사람 사는 건 비슷하다며, 여행하듯 살면 된다고 스스로 다독였지만, 낯선 땅에서 마주한 생활은 예상보다 외롭고 고달팠다. '행복은 장소에 달려 있지 않다.'는 위로도 불편한 현실 앞에선 힘을 잃었다. 지하철커녕 버스조차 드문 거제에서의 생활은 그야말로 고립이었다. 여기선 운전이 생존 수영 같다던 남편 말을 이틀 만에 수긍할 수 있었다.

남편은 회사 일로 늘 바빴고, 나는 점점 외로워졌다. 사람들의 분주한 발걸음이 사라진 한산한 거리는 낯설고 답답하기만 했다. 텅 빈 하늘을 올려다보는 것도 어색하고, 적막하기까지 한 거제의 밤을 어떻게 견딜지 몰라 뒤척이는 날도 많았다. 바쁠 땐 질기게 울리던 핸드폰도 제 역할을 잃었다. 바람 한 점 없는 호수에 홀로 떠다니는 기분이었다.

답답함을 견딜 수 없어서 마침내 운전대를 잡았다. 평생 외면해 온 운전이지만 도망치듯 차를 몰았다. 두 살배기 딸을 품에 안고 울던 날들에 안녕을 고하며 목적지 없이 해안도로를 달렸다. 어디로 가는지는 중요하지 않았다. 그저 달리는 것만으로 충분했다. 마음에 드는 카페에 들렀다. 커피 한 잔에 바다 한 조각. 커피잔을 비우고도 그 자리에 한참 앉아 있었다. 문득, 더 가까이 가고 싶어졌다.

발길을 옮겨, 바다가 잘 보이는 곳에 돗자리를 펼쳤다. 끝

없이 뻗어 가는 풍경에 오랜만에 숨통이 트였다. 내쉬는 숨마다 억눌리던 것들이 서서히 녹아내렸다. 푸른 물결이 부서지는 자장가 소리에 몸을 맡기자 스르르 눈이 감겼다. 얼마나 지났을까. 희미한 잠결을 헤집고 천천히 눈을 떴다. 바람은 여전히 불고 있고 달라진 것 없는 바다가 눈앞에 펼쳐져 있었다. 순간, 잊었던 노래 가사가 떠오르듯 마음속 안개가 걷혔다. 나는 여전히 나였다. 다만, 삶의 배경이 바뀌었을 뿐. 그제야 이곳에서 진짜로 살아 보겠다는 마음이 들었다.

거제의 풍경은 비어 있다. 빈 곳에 서서 한동안 무겁게 쥐고 있던 것들을 하나씩 내려놓았다. 마음을 짓누르던 기준, 내 몫이 아닌 책임, 남의 빛에 눌린 열등감까지. 손이 가벼워졌다. 그 손으로 내 안을 쓰다듬었다. 살포시 내려앉은 온기에 굳어 가던 마음 한쪽이 말랑해졌다. 외로움과 두려움이 있던 자리에 가느다란 무언가가 자리 잡았다. 희망인지,

회복인지, 용기인지 확실히 말할 수 없는.

잊고 있던 감각도 되살아났다. 코끝에 맺히는 흙 내음을 맛보고 바람이 지나가는 휘파람 소리를 만질 수 있었다. 잎사귀들이 부딪히는 소리와 나뭇가지가 흔들리며 내는 낮은 울림엔 나만 아는 멜로디가 생겼다. 간지러운 바닷물에 발을 담그고 바위에 부딪혀 시원하게 튀는 물보라에 걱정도 함께 흩어졌다. 이 모든 것이 내 안의 굳은살을 조금씩 문질러 주었다.

누군가가 물었다. 거제에 살면 도시보다 느린 속도로 사는 법을 배우게 되느냐고. 고개를 저었다. 대답했다. 느리게 사는 건 내 스타일이 아니라고. 하지만 내 속도에 맞춰 사는 법을 배우고 있다고. 빠르게 흐르는 도시의 물살에서는 보이지 않던 내 얼굴을 비로소 마주하게 되었다고.

가족과 함께하는 식사, 이웃과 나누는 인사, 책을 읽으며 느끼는 평온. 행복이라 부르기엔 소박한, 기쁨이라 하기엔 잔잔한 감정이 하루를 데운다. 서두르지 않고 하루를 계획한다. 해야 할 일보다 하고 싶은 일을 먼저 떠올린다. 비장함을 내려놓고 부족한 듯, 넘치지 않게 사는 하루가 오히려 가득 차 있다고 느낀다.

책을 읽고 가끔 그 여백에 글을 쓴다. 어느덧 거제에서의 이야기가 글로 엮이고 있다. 글에는 거제에서 생활하며 겪은 삶의 변화와 마음의 흔적을 담았다. 외로움을 달래기 위한 혼잣말, 낯섦을 이해하려 애쓴 질문, 이름조차 붙이기 어려운 흐릿한 감정까지. 흘러나온 문장들이 누군가에게는 희미한 빛이라도 될 수 있다고 생각한다. 삶의 무대가 바뀔 때 느끼는 불안과 외로움, 그 위에서 자기 자리를 찾아가는 일이 나만의 이야기는 아닐 것이다. 이 글이 삶의 방향을 고민하거나 자신의 존재를 흐릿하게 느끼는 이에게 위로가 되길 바란다. 책을 덮으며 자신의 삶을 더 따듯하고 다정하게 바라볼 수 있기를, 무엇보다 어디서든 자기만의 속도로 살아갈 용기를 품게 되기를 기도한다.

2025년 10월
장영아

차례

2장
거제에 스며들다

3장
아이와 함께한 날들

4장

거제와 어울리다

5장

여전히 이곳에

1장

낯선 곳

찬란한 오해

섬. 사면이 물로 싸인 작은 땅. 배를 타고 섬에 들어가리라는 낭만적인 상상은 찬란한 오해였다. 거제는 차로 갈 수 있는 섬이다. 바다를 가로지르는 거가대교를 달리다 보면, 어느새 풍경이 달라진다. 차창 밖으로 푸른 하늘과 바다가 서로를 비추며 겹친다. 도시의 빛나는 고층 건물들은 초록빛 숲 뒤로 물러난다. 마치 다른 세계로 들어서는 관문을 지나는 것 같다. 눈앞에 펼쳐지는 낯섦이 서서히 물들며 비로소 섬에 들어선다는 감각이 깨어난다.

거가대교는 2010년에 개통되었다. 약 8.2킬로미터 길이로 바다 위를 관통한다. 거제와 부산을 잇는 다리는 바다 한가운데를 지나는 해저 침매터널 구간을 포함하고 있다. 세계 최초로 육지에서 만든 터널을 바닷속에 가라앉혀 이어 붙이는 방식으로 시공되었다. 덕분에 배를 타지 않고도 섬을 드나들 수 있게 됐다. 부산과 거제 사이의 거리는 140킬로미터에서 60킬로미터로 단축됐고, 2시간 넘게 걸리던 통행시간도 1시간 남짓으로 줄었다. 물류는 빨라졌고 지역 경제는 활기를 띠었다.

"꼭 광안대교 같다."
"거제 사람들한테는 광안대교보다 더 큰 의미지."

거가대교는 거제 주민에게 숫자와 효율을 넘어 세상과 연결되는 통로이자 다양한 가능성을 열어 주는 상징적인 존재다. 내게는 가족과 친구를 자주 만나게 해 주는 길이자 거제에서 삶을 이어가게 해 주는 든든한 연결고리다. 다리를 지날 때마다, 이곳에서의 삶이 어디로든 연결될 수 있다는 묘한 안도감을 느낀다.

거제에서 처음 구한 집은 한화오션 정문에서 걸어서 5분 거리의 빌라였다. 산과 바다가 어우러진 전원생활을 꿈꿨지만, 기대와 현실 사이엔 역시 간극이 있었다. 맞벌이를 계획했기에 어린이집이 가깝고 일자리가 많은 곳, 딸 또래 아이들이 모여 있는 동네를 선택해야 했다. 팍팍한 현실 앞에 낭만은 힘없이 밀려났다. 이런 상황이라면 오히려 부산 신

혼집이 더 나은 게 아닐까 하는 생각도 들었다. 준비 없이 덤벼든 결과일까, 처음부터 잘못된 선택이었을까. 거제에서의 삶은 시작부터 삐걱거렸다.

창문을 열면 산과 바다 대신 거대한 배들과 세계 최대 규모로 기네스북에 등재된 900톤급 골리앗 크레인이 보였다. 출퇴근 시간이면 오토바이와 자전거가 도로를 메웠고, 거리는 회색 작업복을 입은 사람들로 출렁였다. 출퇴근 버스가 여러 대 오가며 긴 줄을 조금씩 실어 갔다. 아침 8시만 되면 학창 시절 국민체조를 떠올리게 하는 체조 음악이 스피커를 타고 퍼졌다.

가장 놀라웠던 것은 조선소 부지의 규모였다. 상상하던 크기를 훌쩍 뛰어넘는 어마어마한 넓이였다.

"출입구가 4개나 있나? 회사 안에서 길 잃겠다!"

"구내식당이 10개가 넘는다고? 하루 세 끼 다 먹어도 닷새는 걸리겠네!"

한화오션의 부지는 약 150만 평(490만m²). 축구장 690개를 펼쳐 놓은 크기다. 여의도의 1.7배에 달하는 공간이 거제의 한쪽을 묵직하게 채우고 있다. 여기에 약 121만 평(400만m²)

규모의 삼성중공업까지 더해진다.

2020년 기준, 두 조선소에서만 약 6만 5000명이 근무했다. 이는 당시 거제 인구의 4분의 1에 해당하는 수치였다. 가구 수로 보면, 두 집 중 한 집은 한화오션이나 삼성중공업과 직간접적으로 연결돼 있다. 거제에는 조선소 직원과 그 가족, 이들을 상대로 생계를 꾸리는 자영업자가 모여 산다는 말이 있을 정도다. 조선업 경기에 따라 지역 경제도 출렁일 수밖에 없다. 호황기엔 사람이 모여들고 상권이 활기를 띠지만, 불황기엔 실직자가 늘고 인구는 빠져나간다.

"조선소 망하면 우린 뭐 먹고 사노?"

조선소에 의존하는 경제 구조는 거제의 생활을 늘 불안하게 했다. 딸아이의 미래를 생각하면, 이곳이 과연 안전할까 하는 의문이 떠나지 않았다. 거제에 두 발을 모두 딛기엔 아직 망설여졌다. 한 발은 여전히 부산에 남겨둔 채, 생계의 위기가 닥치면 언제든 떠날 준비를 하고 있었다. 확신보다 물음표에 가까운 곳이었다.

주거 환경도 조선소 중심으로 짜여 있다. 아파트와 빌라가 조선소 근처에 밀집했고 학교나 병원, 상점도 그 주변에

자리 잡았다. 모든 게 조선소의 리듬에 맞춰 돌아갔다. 교대 근무가 일상이라 밤과 낮의 경계가 흐릿했다. 낮잠이 필수가 된 이들을 위해 아파트엔 대낮에도 층간소음 주의 방송이 흘러나왔다. 낮에도 발소리와 문 닫는 소리에 주의하며 긴장해야 했다.

부부 사이에 상여금이나 보너스를 숨길 생각은 애초에 할 수 없다. 이웃과 일상이 공유되다 보니 뻔한 핑계는 금세 들통나기 마련이었다. 갑작스러운 회식이나 장례식 따위의 핑계 또한 설 자리가 없다. 서로의 생활이 훤히 들여다보이는 환경이었다. 삶이 너무 가까워서 친해지기도 쉽고 때로는 단조롭기도 했다. 관심 없던 요리나 수공예 같은 취미에 손을 대게 된 것도, 어쩌면 지루함을 달래기 위해서였을지도 모르겠다.

산업과 자연이 어깨를 맞댄 이질적인 풍경. 어느 하나를 지우지 않고는 완전해질 수 없다고 생각하던 그림이다. 낯설고도 익숙한 조화, 그 그림 속에 어정쩡하게 서 있다. 누군가는 이 모습을 공존이라 부르고 누군가는 모순이라 말한다. 이 풍경이 내 안의 갈등을 닮았기 때문일까. 아직, 뭐라 부를지 모르겠다.

이 낯선 곳에서 내가 설 자리는 어디일까. 얼마나 많은 계절이 지나야, 이 풍경이 나를 받아 줄까. 답은 아직 멀리, 보이지 않는다.

그게 왜
궁금하죠?

"다온이 아빠는 직영이죠? 어느 부서에서 일해요?"

"아니요. 신랑은 협력 업체 소속이에요."

"아, 네에…."

순간, 공기가 얼어붙었다. 힐끗거리는 눈길들과 당황한 표정들이 불편하게 오갔다. 말끝을 흐리며 "네에"라고 하지 않았다면 이렇게 찜찜하진 않았을 거다. 하지만 말은 이미 나왔고 분위기는 냉동실이다.

남편이 조선소 협력 업체에서 일하는 건 결혼 전부터 알았다.

'그게 뭐 어때서?'

전혀 문제 되지 않았다. 조선소 근처에 살다 보면 이런 이야기를 자주 듣게 될 거라고도 예상했다. 대수롭지 않게 여겼다. 그 모임에서 제외되기 전까지는.

웃어넘기려 했지만 잘못한 것도 없는데 소외된 기분이 영 꺼림칙했다. 당황스럽기도 하고 억울하기도 하고, 속이 꾸역꾸역 뒤틀렸다. 허공을 올려다보며 숨을 길게 내쉬었다. 뜨거운 공기가 목구멍을 긁고 지나갔다.

"다온이 엄마는 건강검진 언제 받아요?"

이 질문의 의도를 알아채는 데는 그리 오래 걸리지 않았다. 정규직 여부를 떠보기 위한 우회적인 질문이었다. 민감한 주제를 대놓고 묻지 못하는 사람들은, 배우자의 건강검진을 통해 간접적으로 답을 얻으려 했다. 비정규직은 그런 혜택을 받지 못하니까. 그런 의도라면, 그건 대화가 아니라 선을 넘는 탐문이다.

이곳에서 정규직과 비정규직은 단순한 구분이 아니다. 사람들 사이에는 보이지 않는 선이 있고, 그 선을 넘지 않으려는 조심스러운 줄타기가 이어졌다. 불평등은 어디에나 존재하지만 조선소를 중심으로 돌아가는 이곳에서는 경계가 유독 뚜렷했다. '그게 왜 그렇게 궁금하죠?'라는 말이 목구멍까지 올라왔다. 남편이 정규직에 화이트칼라라고 자랑

할 때마다, 그게 그렇게 대단한 일인지 되묻고 싶었다. 내가 예민한 걸까 아니면 자격지심일까. 판단하기 어려운 찜찜함이 속에서 맴돌았다.

뿌리박힌 편견은 위기 때 더 선명해진다. 코로나19로 온 세계가 떠들썩하던 시기였다.

"이래서 식당을 따로 써야 한다니까."

무슨 말인가 했다. 코로나19에 처음 걸린 사람이 협력 업체 직원이라는 사실이 알려지자, 일부 사람들이 정규직과 비정규직의 식당을 분리해야 한다고 주장했다. 경제적 불평등을 넘어 사람 사이에 보이지 않는 벽이 얼마나 깊은지 날 것 그대로 드러났다. 무언가가 명치를 짓누르는 것 같았다.

2020년 기준, 거제 조선소에서 일하는 근로자의 약 70퍼센트가 비정규직이었다. 조선소는 프로젝트 단위로 움직이다 보니, 수주에 따라 일감 기복이 크다. 회사는 인건비를 줄이고 경기 변화에 유연하게 대응하기 위해 비정규직 비율을 높였다. 그 탓에 숙련된 기술자는 줄고, 빈자리는 외국인 노동자가 차지하게 되었다.

비정규직은 정규직에 비해 고용 안정성은 물론, 급여나

성과 보상에서도 불이익을 받는다. 같은 일을 해도 급여는 낮고, 보너스나 인센티브도 기대하기 어렵다. 정규직은 연차 휴가, 유급 병가, 복지 포인트, 명절 선물, 자녀 학자금 지원 같은 다양한 혜택을 누리지만, 비정규직은 이런 지원을 받지 못하거나 제한적으로 받는 경우가 많다. 직무 교육, 해외 연수, 자격증 취득 지원 같은 성장 기회 또한 대부분 정규직에 주어졌다.

조선소 일은 정규직과 비정규직 할 것 없이 모두에게 고되다. 그중에서도 상대적으로 더 위험한 일은 비정규직이 맡는다. 계약이 끝나면 일자리를 잃을 확률이 높기 때문에 위험한 일을 맡아도 불만을 쉽게 내비칠 수 없다. 예전엔 정규직이 하던 배의 페인트칠도 이젠 거의 비정규직 몫이다. 유독한 페인트 화학물질이 어디까지 스며드는지 아무도 묻지 않는다. 생계를 위해 위험을 떠안아야 하는 현실, 말 못할 서글픔에 마음이 저려 온다.

어느 날 오후 두 시쯤 남편에게 전화가 왔다. 불길했다. 슬픈 예감은 왜 틀린 적이 없는가.

"나, 지금 병원인데…. 일하다가 좀 다쳤거든. 심한 건 아

니고 간단한 수술만 하면 된단다."

　"뭐? 어디를?! 얼마나?!"

　남편의 침착한 목소리에도 심장은 요동쳤다. 손가락 사이로 0.5밀리미터 두께의 철심이 10센티미터 깊이로 박혔다는 말에 순간 머릿속이 새하얘졌다. 딸아이를 안고 회사 지정 병원으로 다급히 달려갔다. 핸들을 움켜쥔 손에 힘이 잔뜩 들어갔다. 손톱 밑이 파랗게 질려 가는 것도 손끝 감각이 사라지는 것도 느끼지 못했다.

　2시간이면 된다던 수술은 좀처럼 끝나지 않았다. '진작에 그만두게 해야 했는데…', '혹시 잘못되면 어떡하지?' 걱정과 자책이 뒤엉킨 채, 시간은 더디게만 흘렀다. 굳은 표정과 거칠어진 숨소리가 낯선 걸까. 딸아이는 평소처럼 재잘거리지 않았다. 작은 손으로 내 옷자락을 꼭 붙잡고 있었다. 번갈아 찾아오는 무기력함과 두려움을 애써 숨기며 웃어 보였지만, 속으론 당장이라도 주저앉아 눈물을 쏟고 싶었다.

　마침내 수술실 문이 열렸다. 붕대를 감은 손을 높이 들어보이며 남편이 웃었다. 내가 딸아이에게 보였던 웃음처럼.

"조심 좀 하지! 출근할 때마다 불안해서 못 살겠다! 손가락 못 쓰면 어쩔 뻔했노?!"

안도감과 함께 안쓰럽고 미안함이 엉뚱한 방식으로 튀어나왔다. 떨리는 목소리에 남편은 아무 말 없이 어깨를 감싸 안았다.

"손 다 나을 때까지는 쉬는 거제?"
"그래야지."

다음 날, 수술이 끝난 지 24시간도 채 되지 않아 회사에서 연락이 왔다. 출근하라는 말이었다. 사고 조사를 위해 작업 환경과 안전 조치에 문제가 없다는 걸 보이려는 의도일 것이다.

"산재 처리도 안 해 준다면서, 왜 아픈 사람한테 출근하라고 난리고?!"

분노가 치밀어, 애꿎은 남편에게 소리쳤다.

"다리에 깁스해도 출근하라고 할 판이네! 당장 때려 치
워라!"

사표를 쓰라는 으름장에도 남편은 대꾸 없이 현관문을
열었다. 문밖으로 사라지는 그의 두 발을 시린 눈으로 바라
보았다.

산재보험을 적용하면 보험료가 오르고 회사의 안전 관리
문제도 드러날 수 있다. 대신 공상합의(公傷合意)로 처리하면
공식 기록에 남지 않으니, 회사로서는 위험을 피하기 좋은
방법이다. 협력 업체는 원청과 재계약하기 위해 사고 기록
이 남는 걸 꺼린다. 드러난 사고는 빙산의 일각일 뿐, 은폐
된 사고가 훨씬 많다.

'남편이 정규직이라면 이런 취급을 받지 않을 텐데….'

마음이 더욱 쓰렸다. 분노와 서러움, 실망과 억울함, 좌절
과 혼란, 적대감까지. 복잡한 감정이 나를 집어삼켰다.

오랫동안 '비정규직'이라는 말은 뉴스에서 들어도 무덤덤
하게 흘려 넘기던 단어에 불과했다. 기사 제목에 있었고, 방

송에 나오는 누군가의 사연에 담겨 있었다. 고개를 끄덕였고 짧은 안타까움을 느꼈다. 그러고는 이내 저녁 메뉴를 고민했다. 그 말이 식탁에 앉은 건 남편이 그 자리에 앉으면서부터였다. '누군가'의 이야기에 담긴 단어가 내 삶에 들어오자, 그제야 알게 되었다. 그 말은 단순한 단어가 아니라 잠들지 못한 수많은 밤이라는 사실을.

손에 붕대를 감고 일터로 향하는 남편 옆에서 조용히 마음으로 함께 걸었다. 같은 공기를 마시며 같은 방향으로 발걸음을 옮기는 사람들이 보였다. 같은 햇볕 아래 같은 땅을 딛고, 땀에 젖은 하루를 견디는 사람들. 해가 기울면 저마다 집으로 돌아간다.

하지만 우리는 정말, 같은 세상에 살고 있는 걸까?

그가
잠든 밤

새벽 6시. 오늘도 그가 가방을 메고 집을 나선다. 잠든 딸아이의 이마를 한 번 더 쓰다듬고 조심스레 문을 닫는다. 묵묵한 그의 걸음은 한결같이 담담하고 단단하다.

"오늘도, 알제? 안전하게. 정신 똑바로 차리고."
"아이고, 참말로… 걱정 마라. 안 다친다."

마른 흙처럼 거칠어진 손으로 내 두 뺨을 감싸며 씩 웃는다. 시커멓게 그을린 피부 위로 새하얀 이가 더욱 선명하게 빛난다. 그의 미소는 어제의 고단함을 잊었다.
창문 밖으로 그의 뒷모습이 조금씩 사라져 갔다. 목을 빼고 오래도록 그 모습을 쳐다봤다. 그때 알았다. 뒷모습은 거짓말을 하지 않는다는걸. 무겁지 않은 가방이 걸린 어깨가

축 처져 있다. 고요한 새벽, '사삭사삭' 걸음 따라 작업복 비벼지는 소리가 구슬프다. 힘든 하루를 예감하는 걸까. 오늘도 무사히 버려 주기를. 간절함을 매 걸음에 담아 보냈다.

여름의 조선소는 용광로 속에 있다. 뜨겁고 끈적한 바다 공기가 피부를 누른다. 체감 온도는 40도를 훌쩍 넘고, 금속 위로 떨어진 햇살이 그대로 반사되어 몸을 덮는다. 피부 깊숙이 파고드는 열기에 온몸이 타들어 간다. 숨 쉴 때마다 밀려오는 뜨거운 공기가 가슴을 조여 온다. 지켜 준다던 안전 장비와 보호복 때문에 속옷까지 젖은 지 오래다.

용접 작업은 화려한 불꽃놀이가 아니다. 차가운 금속을 녹이며 하늘을 찢는 불꽃이 작업자를 가만둘 리 없다. 온몸을 때리며 휘날리는 불꽃과 하루 종일 싸워야 한다. 유독한 냄새에 목이 타는 듯한 도장 작업은 또 어떤가. 철통 같은 마스크를 뒤집어쓴 채, 숨을 쉰다기보다 공기를 힘겹게 밀어내는 것에 가깝다. 배관과 전기 작업을 하는 이들은 이리저리 몸을 비틀며 좁은 틈을 지나야 한다. 팔을 뻗을 때마다 피부가 긁히고 공기를 찾아 헐떡이는 사이 숨은 더 가빠진다. 뜨겁게 달궈진 금속판 위에서 이루어지는 구조물 조립과 청소 작업. 발을 디딜 때마다 발바닥이 불덩어리가 된다.

발끝에서 올라오는 뜨거운 열기가 발목을 타고 올라와 머리끝까지 치솟는다. 단순한 체력 싸움이 아니다. 매 순간 몸과 마음의 한계를 쥐어짜는 일이다.

　"우리 신랑은 도통 무슨 일을 하는지 알 수가 없다. 물어봐도 제대로 대답을 안 한다."
　"언니, 자세히 알려고 하지 마라. 모르는 게 나을 수도 있다."

　낯설고 복잡한 조선소 일. 남편이 무슨 일을 하는지 알고 싶을 뿐인데, 옆 동에 사는 거제 토박이 엄마는 차라리 모르는 게 낫다고 했다. 남편과 함께한 첫 여름, 그 말이 훅 와닿았다. 한 달 만에 6킬로그램이 빠진 남편. 여름이면 그의 몸은 공기 빠지듯 쭉쭉 말라 갔다. 조선소 현장은 최고의 다이어트 센터였다.
　조선소에서는 가끔 노동자 가족을 초대해 작업 현장을 공개한다. 노동자에게는 자부심을, 가족에게는 일터에 대한 이해를 돕기 위해서다. 하지만 현장을 다녀온 아내들은 하나같이 말한다. 다시는 가고 싶지 않다고…. 고된 작업 환경이 눈앞에 아른거려 며칠 밤을 뒤척인다고…. 남편들이 자기 일을 자세히 말하지 않은 건 아내들을 위한 배려였다.

퇴근 후 집에 돌아온 그의 눈빛에 피곤이 가득하다. 아침보다 낮아진 어깨와 무거워진 눈꺼풀이 하루의 무게를 말해 준다. 식탁 의자에 앉아 저녁을 먹으면서도 숟가락을 자주 내려놓고 허리를 잡고 일어섰다 앉았다를 반복한다. TV를 보면서도 손발을 자꾸 주무르고 몇 발짝 떨어진 화장실까지 가는 데도 한참이 걸린다. 괜찮다는 그의 말은 전혀 설득력이 없다.

"지금이라도 다른 일 찾아보는 게 안 낫나? 이러다 병원비가 더 들겠다!"

"다온이한테 아직 돈이 많이 안 들어가니까, 천천히 다른 일 찾아보자."

"아르바이트라도 해서 2년 정도는 어떻게든 버텨 볼게. 다른 거 준비해 봐라."

"사회복지 전공을 살려 보는 건 어떻노? 길게 보면, 당장 월급 줄어드는 건 문제도 아니다."

부드럽게 타일러도 보고 애원도 해 보고 윽박도 질러 봤지만, 남편은 날이 밝기 전 매일 같은 시간에 집을 나섰다.

남편이라고 힘들지 않겠는가. 당장이라도 그만두고 싶을

때가 한두 번이 아니었을 거다. 빠듯한 생활비, 딸아이의 기저귀와 분윳값. 이를 악물고 버텼을 거다. 가족의 생계를 책임지는 가장으로서 그가 할 수 있는 일은 그저 묵묵히 일터로 나가는 것뿐이었다. 철없는 아내의 투정까지 말없이 받아 주며.

몇 시간 뒤, 고된 현장으로 다시 돌아가야 하는 사실을 잊은 채, 그는 아기 새처럼 평온하게 잠들었다. 그 모습을 보며 수없이 많은 밤을 울었다. 아무것도 해 줄 수 없는 내 무능함을 원망하며 손톱 밑이 까매진 그의 손을 쓰다듬었다. 그의 손바닥엔 나와 딸아이의 이름이 새겨져 있다. 손금을 따라 흐르는 그의 삶이 강물이 되어, 우리 삶의 구석구석을 적신다.

가족을 위해 자신을 내던진 남편에게, 내 혀는 얼마나 가벼운 말만 늘어놓았던가. 그저 가만히 손잡아 줄걸. 같은 마음이라며 다정히 웃어 줄걸. 남편이 불쌍하게 느껴지면 끝이라던데, 거기까지 너무 빨리 와 버렸다.

초라해서
단단해지는 기분

"경력이 없으시네요. 경력자를 찾고 있어서요. 죄송합니다."

"아, 네…. 그럴 수 있죠. 다음에 기회가 있으면 좋겠네요. 감사합니다."

'감사합니다'는 무슨. '처음부터 경력자 모집이라고 써 붙여 놓던가!'라며 속으로는 분통이 터졌다. 하지만 나는 품격 있고 성숙한 사람이 아닌가. 억지 미소를 띠고 차분하게 대답했다. 교양 있는 척, 그렇게까지 절실하지는 않은 척. 부끄럽고 아쉬운 마음을 들킬까 봐, 얼른 편의점 문을 나섰다.

직업에 귀천이 없다고 생각했지만 편의점 아르바이트에 지원하기까지 많은 시간을 망설였다. 학원이며 과외며 뼈 빠지게 뒷바라지해 준 아빠를 생각하니 더 죄스러웠다. 애

지중지 키운 딸이 편의점 아르바이트를 구하고 있다고 하면 그 마음이 어떨까? 걱정되고 허탈한 정도면 그나마 다행이다. 자식의 형편을 도와줄 수 없는 현실에, 자책하며 무너져 내리진 않으실까 두려웠다.

더 솔직해지자면 초라한 내 모습을 마주할 용기가 나지 않았다. 나와 상관없을 거라고 생각하던 현실을 인정하기 어려웠다. 내 능력과 경력이 필요한 일자리가 있을 줄 알았는데, 겨우 편의점 아르바이트라니…. 부끄럽지 않을 정도의 학벌, 간신히 자존심을 지킬 수 있던 연봉. 그마저도 이제 놓아야 한다니…. 피할 수만 있다면 피하고 싶었다. 자존심이 구겨지다 못해 찢어지는 것 같았다.

엄마는 강하다고 했던가. 강한 게 체면을 내려놓는 일인지 모르겠지만, 아이 밥 한 끼에는 생각보다 많은 것이 걸려 있었다. 패기 있게 지원서를 냈다. 그렇게 시작된 일들이 번번이 고개를 돌렸다. 망설이던 시간이 민망할 정도로 단호하게. '편의점 아르바이트도 못 구한다니! 여태 뭘 하고 산 거지?' 비참하고 당혹스러웠다. 절망, 원망, 실망. 뒤틀린 감정만 남았다.

망할! 왜 회사 이름과 직급이 능력인 줄 알고 살았을까? 회사를 나와 보니 빈 껍데기만 남았다. 대단치 않은 능력으로 할 수 있는 일이 하나도 없었다. 아침 일찍부터 밤늦게까지 애쓰던 시간은 휴지 조각이 됐다. 지금껏 뭘 위해 그토록 열심히 살았던가. 발끝만 쳐다보며 기계적으로 걸음을 옮겼다.

편의점 문을 닫고 나온 세상은 전혀 다른 공간이었다. 대낮인데도 어둠이 내려앉았고 차가운 공기가 가슴 한가운데를 뚫고 지나갔다. 소리가 사라진 거리에 덩그러니 홀로 서 있었다. '미용 기술을 배웠어야 했는데!' 후회와 분노가 뒤섞여 엉뚱한 결론에 이르렀다. 평생 내 것으로 삼을 뭔가가 필요하다고. 순간 문득 떠오른 것이 있었다.

"용접 배우려면 어떻게 해야 되노?"
"뭐라노? 그런 소리 하지 마라. 그거 아무나 하는 거 아니다. 힘들어서 못 한다."
"왜 못 하노? 안 해 봤다 아이가. 두고 봐라! 작업복 입고 용접하는 여자랑 산다는 소리 듣게 해 줄 레니까."

다음날 바로 용접 학원에 등록했다. 그리고 수업 시작일만 손꼽아 기다렸다. 드디어 디데이(D-day). 퇴근한 남편에게 딸아이를 안기고 기대와 설렘을 안고 학원으로 향했다.

예상대로 여자는 나 혼자였다. '남자들이여, 보라. 여기 신여성 등장이다!' 어깨를 쭉 펴고 고개를 쳐들며 걸었다.

"죄송해요. 웬만하면 버려 보려고 했는데…. 아무래도 안 될 것 같아요. 환…불, 가능할까요?"

버린다고 하기엔 두 시간도 채 안 됐지만, 사실 한 시간 전부터 포기했다. 용접봉이 그렇게 무겁고 다루기 어려운 줄 알았더라면 학원 등록은 물론 처음부터 용접은 꿈도 꾸지 않았을 것이다. 다행히 학원에서도 주제 파악 못 하는 여자가 잠시 다녀간다고 여기는 눈치였다. 환불을 내심 반기는 것 같기도 했다. 한심하다는 말로는 그때의 자괴감을 다 담아낼 수 없다.

의욕만으로는 현실의 벽을 넘기 어려웠다. 초라하고 무능력한 내 모습을 마주하기 두려워, 한동안 거울도 못 봤다. 주변 사람들이 나를 무시하는 것만 같았다. 구석에 잔뜩 웅크린 채, 세상이 지나가기를 기다렸다. 일할 곳은 조선소밖에 없어 보이고 뭘 할 수 있을지 막막했다. 나만 뒤처지는 것 같았다. 자신감이 바닥을 쳤다. 바닥에 주저앉아 있으면 언젠가 바닥이 떠오를 거라 믿고 싶었다. 누군가 와서 손을 내밀어 주기만을 기다렸다. 당연히 아무 일도 일어나지 않았다.

가만히 있을수록 더 깊이 가라앉을 뿐이었다. 버티는 것도 한계에 다다른 걸까, 더는 물러설 곳이 없던 걸까. 낯선 곳에서의 삶은 적응이 아니라 생존에 가까웠다. 누가 건져주려 해도 손부터 흔들어야 했다. 그 사실을 받아들이기까지 시간이 걸렸다. 그제야 마음이 조금씩 움직였다. '그까짓 것, 뒤돌아보지 말자!' 몇 번의 작은 도전과 실패가 나를 움찔하게만 한 건 아니었다. 맷집이 세졌다. 편의점, 샌드위치 전문점, 약국, 학원…. 계속 도전했다.

결국, 어린이집에서 하루 4시간 행정 업무를 돕는 단기 아르바이트를 시작했다. 원하는 전문적인 일은 아니지만 단순히 돈만 벌기 위한 일도 아니었다. 다시 시작할 수 있다는 희망을 키우는 시간이었다. 그렇게 한 걸음씩 발을 내디뎠다. 딸아이가 자라면서 지역 대학교에서 일할 기회를 얻었다. 그곳에서 몇 년간 경험을 쌓아 지금은 사서로서 새로운 길을 걷고 있다.

아는 사람 하나 없는 낯선 곳에서 거절당하는 일이 반복될 때마다 스스로 초라하다고 느꼈다. 하지만 진짜 초라한

건 아니었다. 초라함은 남의 눈에 비친 그림자였을 뿐이다. 끝내 포기하지 않는다면 새로운 땅에서도 뿌리를 내릴 수 있다. 다만, 나무도 단번에 뿌리를 내리지는 못한다. 그것은 시간의 일이다. 힘 빼고 보잘것없는 걸음이라도 한번 내디뎌 보길. 그 작은 걸음이 숲을 이루는 시작이 될지도 모르니까.

창업을 꿈꾸는
느린 토끼

"사람들이 제일 많이 다니는 입구가 어디고?"

"남문이랑 서문이 제일 붐비지. 갑자기 그건 왜?"

"출근길에 샌드위치나 김밥 팔까 해서."

"괜히 힘 빼지 마라. 허가받기도 어렵다."

"허가받는 게 뭐가 어렵노? 절차대로 하면 되지."

"근처 상인들도 가만히 안 있는다. 다들 한 번쯤은 생각했을 텐데, 아무도 안 한 데는 그만한 이유가 있다."

참신하다고 생각했지만 결국 뻔한 아이디어였다. 좀 더 파고들면 다른 방법이 있었을지도 모르겠다. 애쓰고 싶지 않았던 건지, 애써도 바뀌지 않을 걸 느낀 건지 모르겠지만, 결국 아침잠을 더 누리기로 했다.

거제에 와서도 여전히 '창업병'을 못 고쳤다. 머릿속엔

여전히 온갖 사업 아이템이 춤을 췄다. 주위 사람들에게도 "이거 하면 대박 나겠는데?"라며 쓸데없이 오지랖을 떨었다. 물론 창업 한 번 안 해 본 사람 말이니 신뢰도는 바닥이었다.

스스로 창의적이지 않다는 걸 알기에, 도시라면 감히 사업 아이템이니 하는 걸 늘어놓진 못했을 거다. 거기에선 새로운 아이디어가 늘 쏟아지고 경쟁자는 이미 저 멀리 앞서 달리고 있으니까. 잠깐 머뭇거리는 사이에도 흐름이 바뀌고 남들보다 치열하고 빠르게 높이 뛰어야 하니까. 기다림이 허락되지 않고 매일 매 순간이 압박받는 곳이니까.

이곳에선 시간이 빠르지 않았다. 바뀌는 간판보다 바뀌지 않는 간판이 더 익숙했다. 변화는 더뎠고 경쟁자도 적었다. 뻔한 맛집도 흔한 카페도 특별했다. 도시에선 이미 흔한 아이템들도 여기선 신선하게 느꼈다.

M 베이커리는 피칸파이와 다쿠아즈로 유명한 수제 디저트 가게다. 도시에선 흔한 메뉴지만 거제의 틈새시장을 공략해 빠르게 자리를 잡았다. 질 좋은 디저트가 입소문을 타며 사람들의 발길을 끌었다.

S 꽃집은 24시간 무인 시스템으로 운영된다. 정기 꽃 배

송 서비스와 고객이 직접 꽃을 고르고 포장하는 색다른 운영 방식이 순식간에 인기를 끌었다. 작은 빌라에서 시작해 지금은 지점 5개를 내며 확장했다.

D 쿠킹클래스는 한식, 양식, 디저트 수업을 연다. 매장이 크지 않아 주문받은 제품만 만들어 판매하지만 대형 매장 못지않은 수익을 내고 있다. 다양한 디저트 수업을 받을 수 있는 곳이 드물어 자연스레 사람들의 관심이 쏠렸다.

이들처럼 할 수 있을 것 같았다. 도시에서보다 덜 애쓰고도 해낼 수 있을 듯했다. 마침내 결심했다. 지역 특산물을 이용한 비건 베이킹 가게를 열기로. 주문받은 만큼만 만들어 팔면 굳이 번화가에 가게를 낼 필요가 없으니, 월세 부담도 재고 걱정도 덜 수 있을 것 같았다. 남편에게 말하지 않고 혼자 조용히 마음을 다잡았다. 자격증을 따고 발품을 팔며 창업 관련 공부도 하면서 가게 자리를 알아봤다. 비건 트렌드를 배우러 다른 도시를 오갔다. 시간도 많이 들고 체력도 달렸지만, 나만의 가치를 담은 공간을 만들겠다는 설렘 하나로 버텼다. 문제는 그 설렘이 그리 오래가지 않았다는 거다. 금세 현실의 벽에 부딪혔다.

매력적이라고 생각하는 지역 특산물이 가장 큰 벽이었다. 거제산 재료가 생각보다 비쌌기 때문에 제품 단가는 예상보

다 높아질 수밖에 없었다. 물류망도 제한적이라 안정적으로 공급받기가 쉽지 않았다. 계절에 따라 수확량이 들쭉날쭉한 농산물도 많아 수급이 불안정했다. 계절마다 다른 재료를 사용하는 방식으로 차별화하면 괜찮을 거라고 마음을 억지로 달래 보았지만, 불안감이 쉽게 가라앉지 않았다.

이내 두 번째 문제에 부딪혔다. 소비자층의 한계였다. 지역 환경 동아리 활동을 하면서 알게 된 사실은, 이곳에선 아직 '비건' 개념이 낯설다는 것이다. 건강이나 환경에 관한 관심이 도시보다 훨씬 더디게 퍼지고 있었다. 트렌드도 한 템포 늦는 편이라 독창적인 아이템보다는 지역에 맞춘 서비스가 더 적합했다. 도시에서 유행하는 아이디어도 시간이 지나야 익숙해졌다. 여기서 비건 베이킹이 얼마나 통할지 자신이 없어졌다. 작게 시작해 천천히 키워 가면 된다고, 언젠가는 이곳에도 비건 트렌드가 자리 잡을 거라고, 애써 그렇게 믿어 보려 했다.

또 다른 장벽은 SNS 홍보였다. 창업 교육에서 SNS 없이 성공할 수 없다는 말을 듣자마자 온몸에 힘이 쭉 빠졌다. 지역 사회라고 해서 온라인 마케팅을 피할 수 있는 건 아니었다. 맛만 좋으면 된다는 고전적인 사고에 갇혀 있던 내가 한심했다. 이제 막 디지털 세계에 발을 들인 내게 꾸준히 콘텐츠를 올리고 팔로워와 소통하는 일은 머리가 하얘질 만큼 막막했다. 처음부터 완벽할 필요는 없다고, 느리더라도 꾸준히 콘텐츠를 올리다 보면 팔로워도 늘 거라고, 스스로 다독이며 마음을 다잡았다.

불안, 초조, 두려움, 혼란, 긴장, 압박, 의심…. 온갖 감정이 하루에도 몇 번씩 내 안을 휘돌았다. 하지만 지금, 여기가 아니면 다시는 도전하지 못할지도 모른다는 생각이 마음 한쪽을 놓아 주지 않았다. 완벽한 시작이란 없는 법. 망설이다가 영영 시작하지 못할까 봐, 더는 혼자 끙끙대지 않기로 했다. 혼자 오래 끌어안고 있던 꿈을 세상에 내보였다. 베이킹하는 친구에게 처음으로 속마음을 털어놓았다.

"비건 베이킹 가게 해 보려고…. 그동안 이것저것 배우면서, 좀 알아봤다."

"…."

"왜, 뭐? 무슨 말 할지 알겠는데, 니한테도 돈 다 받을 거다. 공짜 없다!"

"문제는 그게 아니다. 베이킹은 그날 온도, 습도, 심지어 손 온도에 따라서도 반죽이 달라지고 맛이 바뀌는 거 알제? 니는 그런 디테일 못 느끼잖아. 지금은 남의 레시피로 한다

쳐도, 결국엔 니가 개발해야 하는데, 니는 웬만하면 다 맛있다고 하잖아. 제품 개발 못 한다."

"..."

친구는 내가 베이킹 가게를 하면 안 되는 이유를 열 가지도 넘게 쏟아냈고, 나는 그 앞에서 아무 말도 못 한 채 입을 다물었다. 듣기 싫은 이야기지만 묘하게 후련했다. 그날 내 무모하던 창업의 꿈은 힘없이 가라앉았다. 뼛속까지 T인 친구에게 굳이 연락하고 싶던 건, 어쩌면 말려 주길 바란 건 아니었을까. 나는 생각보다 덜 창의적이고 오래 밀어붙이는 성격도 아니었다. 시도는 실패로 끝났고 결국 아무것도 이루지 못했다.

그 일이 정말 간절했던 걸까. 아니면 그런 삶을 꿈꾸는 나 자신을 좋아했던 걸까. 마음은 뜨거웠지만 그 열기가 어디까지 진심이었는지는 지금도 선명하지 않다. 진심과 기대, 욕심과 열망의 경계는 흐릿했다. 욕심은 자주 꿈의 얼굴을 하고 있고 용기는 종종 무모함과 구별되지 않았다. 막상 손에 쥐려 하자 어떤 것은 너무 무겁고 어떤 것은 믿을 수 없을 만큼 가벼웠다. 배워 가는 중이다. 간절함보다 분별을, 뜨거움보다 오래 머무는 마음을.

비건 베이킹 가게를 차리겠다며 난리 친 지도 어느덧 4년. 아직도 '임대'라는 글자만 보면 괜히 가슴이 뛰지만 창업이라는 현실은 여전히 멀기만 하다. 도시보다 경쟁이 덜해 블루오션이라는 말, 완전 취소다. 이곳에서 무언가를 시작해 낸 모든 이에게 조용히 고개를 숙인다. 경의에 가까운 마음으로.

회색 작업복

'2002'. 평생 잊을 수 없는 숫자다. 차 번호도 남편 연락처도 월급 날짜도 잘 기억하지 못하지만, 그해는 가슴에 화석처럼 새겨져 있다. 엄마를 잃은 해. 황량한 사막의 바싹 마른 모래처럼 살았다. 눈물이 흘러 어딘가에서 채워진다면 괜찮았을까. 아무리 울어도 메마른 심장은 여전히 갈라져 있었다.

　하필 그해였다. 붉은 악마들의 환호로 전국이 들썩이던 때가. 집은 사직야구장에서 걸어서 5분 거리였다. 붉은 티셔츠를 입은 사람들의 함성과 환호가 문 앞에서 넘실거렸다. '제발 멈춰! 엄마가 죽었다고!' 광기처럼 퍼져 가는 환호에 또 다른 광기로 대응했다. 그해 붉은 물결은 내게 환호가 아닌 절규였다. 환호로 가득 찬 거리 한복판에서 세상과 완전히 분리된 채, 서 있었다. 고통 속에 홀로 불타오르며.

조선소 출퇴근 시간. 이번엔 회색 물결이다. 뜨겁지도 열정적이지도 않은, 차갑게 흐릿한 거리. 그 차가운 기운이 나를 다시 붉은 물결 속으로 끌어당겼다. 지나치게 뜨겁고 격렬했던 고통. 해소되지 못한 과거가 나를 집어삼킬 듯 울분과 슬픔이 솟구쳤다. 자꾸 흘러내리는 눈물을 손바닥으로 연신 닦아 내며 흐릿한 거리를 바라봤다.

초점 잃은 얼굴들을 멍하니 따라갔다. 땅을 긁는 발걸음, 해진 안전화, 흐느끼는 굽은 어깨, 고개 숙인 그림자. 시간이 얼마나 지났는지 알 수 없었다. 아무 감정도 떠오르지 않을 것 같던 얼굴들 사이로 먹먹한 무언가가 천천히 차올랐다. 정해진 방향으로 천천히, 그러나 멈추지 않고 나아가는 걸음. 붉은 파도처럼 밀려들던 감정이 일정한 속도로 걸어가는 사람들의 발밑에서 서서히 식어 갔다. 아무도 나에게 다가오지 않았지만 이상하게 혼자라는 생각도 들지 않았다. 스스로도 설명하지 못하면서 찢기고 닳은 채로 하루를 살아 내는 사람들. 말 없는 그들 틈에서 내 고통이 그리 특별하지 않다는 사실에 처음으로 안도했다. 슬픔은 줄지 않지만 울고 싶은 마음은 조금 누그러졌다.

감정의 파도가 조용히 가라앉을 무렵, 식탁 위에 둔 전화기가 가볍게 떨었다. 화면에 남편 이름이 떠 있었다. 전화

를 받자, 그는 퇴근 후 곧장 장례식장에 들를 거라고 했다. 감정이 빠진 일상적인 말투. 그 건조한 말이 나를 천천히 현실로 끌어내렸다. 옷을 다려 놓겠다는 말에 그는 괜찮다고 했다.

"작업복 입고 간다고? 예의가 아닌 것 같은데…."
"거기 가면 열에 여덟은 작업복 입고 있다."

죽은 이 앞에 작업복을 입고 선다는 말이 충격이었다. 땀과 기름 흔적이 그대로 남은 옷으로 삶의 끝을 배웅하는 것. 일과 삶의 경계가 너무 얇은 것 같아 불편했다. '대부분이 조선소와 연결된 삶이라 해도…. 그 자리만큼은 조금 달라야 하지 않을까.' 결국, 남편을 집으로 불러들였다.

이곳에선 퇴근 후 작업복 차림으로 곧장 장례식장에 간다. 결혼식도 돌잔치도 다르지 않다. 작업복을 입고 프러포즈할지도 모른다. 사는 일에 집중한 탓일까. 익숙해진 걸까. 요리조리 머리를 굴려 봐도 쉽게 이해되지 않았다. 여전히 옷은 마음을 표현한다고 믿고 있었다.

그 믿음이 뒤집히는 데는 오래 걸리지 않았다. 근무 시간은 제각각이고 주말도 예외는 아니었다. 집에 들를 시간 없이 곧장 장례식장으로 가는 이가 많았다. 옷을 갈아입을 여유도 좀처럼 없어 보였다. 작업복은 벗지 못한 게 아니라 벗을 수 없는 옷이었다. 야간 근무를 마치고 잠들지 못한 눈으로 조문하고 점심시간을 쪼개어 얼굴을 겨우 내미는 사람들. 그들은 매번 온몸으로 살아 낸 하루의 흔적을 고스란히 안은 채, 그 자리에 있었다.

마음이란 게 늘 격식이 따라야만 제 모습을 갖춘다고 생각했다. 다린 셔츠와 닦은 구두, 정돈된 말투와 몸짓…. 그런 것들이 예의의 표정이라 믿었다. 그러나 이곳은 말했다. 마음은 때로 모양을 갖추지 못한 채로도 충분히 닿을 수 있다고. 땀에 젖은 옷, 닳아 버린 작업화, 꾸미지 않은 얼굴에 더 많은 진심이 담겨 있었다. 슬픔은 꼭 어떤 형식을 갖추지 않아도 되었다. 애도의 시간은 삶과 분리되지 않은 채, 그 안에 섞여 흘러가고 있었다. 사람들은 그 무게 그대로 살아 내고, 그 무게 그대로 어떤 자리에도 도착했다.

오래전 모양을 갖추지 못한 이별이 떠올랐다. 엄마의 죽음은 갑작스러웠고, 나는 너무 어렸다. 애도의 형식도 눈물의 순서도 알지 못한 채, 그 시간을 통과했다. 말하지 못한 슬픔, 끝맺지 못한 인사는 마음속 어딘가에 마침표 없이 머

물러 있었다. 누군가는 제대로 슬퍼하지 못한 날들이라고 부를 수도 있겠지만, 눈물을 아낀 게 아니라 어디에 두어야 할지 모르는 날들이었다.

정돈되지 않은 감정도 슬픔이고 준비되지 못한 애도도 진심이었다. 그때의 나는, 다만 그렇게 아파하고 있었을 뿐이었다. 치유는 아니었다. 이해에 가까운 감각이었다. 오래 닫혀 있던 문장의 끝에 작은 마침표 하나 찍는 일이었다. 뜨겁게 일렁이던 붉은 물결은 서서히 회색 일상에 덮였다. 그날의 상처가 사라지지 않지만 더 이상 날 흔들지는 못했다.

사람들은 거제를 파랑과 초록으로 기억하겠지만, 나에게 거제는 가장 선명한 회색이다. 붉게 일렁이던 내 상처를 감싸 준 색. 각자의 무게를 품고 일상을 담아 낸, 단단한 색. 해안 도로의 반짝이는 푸른 바다보다 더 짙게 남는 건 바로 흐릿하고 단단한 물결이다.

고요한
저녁 식탁

하얗게 반짝이는 쌀알 위로 따뜻한 김이 모락모락 피어오른다. 상 가운데는 껍질이 바싹하게 튀겨진 고등어가 반듯하게 누워 있다. 두부, 애호박, 감자가 푹 익은 된장찌개 향이 방에 퍼지고 참기름에 버무린 나물 향이 은은하게 빈 공간을 채운다. 색색 반찬들이 어우러진 밥상 앞에 가족이 둘러앉으면, 바짝 조이던 마음이 풀리고 굳은 입꼬리도 올라간다. 억울하고 화나던 일도 밥상 앞에서 사그라든다. 끼니를 때우는 게 아니라 하루의 그림자를 지우는 시간이다.

어릴 적, 저녁이 내려앉은 식탁에서 나누던 이야기와 웃음은 지금도 손끝에 닿는다. 밥상 앞에 둘러앉으면 우리는 따로이면서도 하나였다. 서로의 밥숟가락 위에 반찬을 얹어 주며 '식구'라는 말의 의미를 몸으로 터득했다. 서로 다른 하루가 모여 밥상이라는 온기 앞에 하나로 녹아드는 느

낌. "밥 먹었니?"라고 묻는 일은 서로를 살피는 일이라는
걸 가슴으로 배웠다.

"한동안 야근해야 할 것 같다. 저녁 먼저 먹어라."
"마치는 시간이 좀 애매해서 회사 사람들하고 저녁 먹고
들어갈게."
"오늘 회식 있다. 자기도 뭐 좀 시켜 먹든지."

남편은 퇴근 두어 시간 전, 매번 전화를 걸어 비슷한 말을
반복했다. 주말을 제외하면 일주일에 서너 번은 혼자 저녁
을 먹어야 했다. 낯선 곳에서 정붙이기도 힘든데 남편과 함
께하는 저녁마저 사라지니, 이곳이 작정하고 나를 밀어내
는 것 같았다. 매일 먹어도 질리지 않을 것 같던 로제떡볶이
와 찜닭에도 혀는 감동하지 않았다. 마음의 허기를 채우려
몇 안 되는 지인을 번갈아 불러 저녁을 함께 했다.

밥상 위를 오가는 이야기는 서로 닮아 있었다. 야근이 이
어지고 회식이 끼어들다 보니 남편과 먹는 저녁이 점점 예
외가 되어 갔다. 어릴 적, 아버지와 마주 앉아 밥을 먹은 기
억이 거의 없다는 친구도 있었다. 아이가 어린 집은 아내의
피로를 덜기 위해 남편이 아침마저 회사 식당에서 해결한

다고 했다. 바쁜 각자는 이해받아야 할 일이고, 점점 비어가는 식탁 풍경은 어느새 이곳 생활 방식으로 여겨졌다. 시대 변화에 적응하지 못한 건지, 아니면 밥에 너무 큰 의미를두고 있어선지 선뜻 동의하기는 어려운 문화였다.

저녁 식탁에 혼자 앉는 일이 한동안 익숙하지 않았다. 더낯설었던 건 모든 선택이 오롯이 내 몫이라는 점이었다. 무엇을 먹을지, 어떤 그릇에 담을지 스스로에게 물어야 했다.함께일 때는 당연하던 일들이 혼자가 되자 자꾸 이유를 묻게 됐다. 그의 빈 의자가 유난히 허전하게 느껴진 것도 그때문이었다.

그렇게 몇 번, 망설이며 시간을 보냈다. 그러다 언제부턴가 접시를 꺼내고 국을 데우고 수저를 가지런히 놓는 일이묘하게 마음을 가라앉혔다. '정성'이라는 말이 나를 향해 오는 듯했다. 혼자 먹을 밥상을 차리는 건, 내가 여전히 보살핌을 받을 만한 사람이라는 걸 잊지 않는 일이었다. 하루 한끼쯤 나를 위해 시간을 쓰는 일. 그건 이곳에서의 계절이 너무 쓸쓸하게 흘러가지 않도록, 내가 나를 붙잡아 두는 방식이었다.

대충 먹을 때도 괜히 정성스레 차려 낼 때도 있지만, 돌이켜 보면 모든 선택은 그날의 마음이 시킨 일이었다. 속이 허

전한 날엔 매운 것을 찾았고 기분이 흐린 날엔 라면으로 대충 먹었다. 마음이 살랑살랑 흔들리는 날에는 괜히 접시를 꺼내 반찬을 가지런히 담았다. 마음의 공기를 말로 설명하기 전에 식탁이 먼저 알아차렸다. 나만의 거울 같은 풍경이었다.

저녁 식사 후, 남은 시간엔 하고 싶은 일을 했다. 소파에 기대어 예능을 보며 웃고 드라마 대사에 괜히 울컥하기도 했다. 좋아하는 노래를 들으며 샤워로 피로를 씻고 아이와 바닥에 누워 장난을 주고받았다. 반찬을 고민하던 자리엔 낮잠을 올려놓았다. 그렇게 아무 일도 아닌 시간을 지나며 알게 됐다. 혼자여서 지켜지는 온기가 있다는 것을. 밖에서 오는 체온이 아니라 안에서 피어오르는 따스함을. 때로 혼자라는 건, 나에게 가장 가까운 사람이 되는 시간일지도 모르겠다.

켜둔 주방 불빛 하나, 깎아 놓은 과일 접시. 남편과 꼭 같은 시간에 앉지 않아도 마음은 서로의 자리로 건너갔다. 함께하는 시간이 줄어들었다기보다는 각자의 자리를 지키며 마음을 나누는 법을 배워 가는 중이었다.

하루 한 끼, 고요한 식탁은 말했다. 사랑은 곁에 머무는 일보다 비워진 자리를 오래 기억하는 일이라고. 스스로를 위해 상을 차릴 수 있는 사람이 누군가를 기다릴 수 있는 사람이라고.

거제의
숨은 고수들

20대에는 시간을 분 단위로 쪼개며 살았다. 점심은 '먹는다'보다는 '떼운다'는 말이 더 어울렸다. 끼니가 아니라 연료였고 대화는 사치였다. 졸지 않을 정도로만 배를 채우고 도서관으로 가거나, 허겁지겁 허기를 달래고는 다시 회사로 뛰었다. 발걸음은 분주한데, 시선은 커피숍에 앉아 수다 떠는 무리에 꽂혔다. 무얼 믿고 저토록 느긋할까, 부모가 물려준 재산이 많은 걸까, 남편 연봉이 높은 걸까, 짧은 순간에 온갖 추측이 머리를 스쳤다. 스스로 여유를 일군 사람도 있을 텐데 그건 인정하고 싶지 않았다. 당시 내 소갈머리는 딱 그 정도였다.

    거제에 와서는 나도 그 무리 틈에 끼게 되었다. 물론 이유는 달랐지만. 딸아이를 어린이집에 보내고 나면 동네 엄마들과 커피숍에 모였다. 커피숍에는 익숙한 얼굴들이 비슷한 무리로 테이블을 채우고 있었다. 커피 한 잔씩 손에 쥐고 모여 앉으면, 비로소 몸과 마음에 작은 쉼표가 찍혔다.

대화 주제는 늘 비슷했다. 아이가 밥을 안 먹는 이야기, 남편이 늦게 들어오는 이야기, 시어머니가 또 전화했다는 이야기…. 특별할 것도 새로울 것도 없는 이야기지만 지루하지 않았다. 서로의 말을 끊지 않고 적당한 리듬을 타며 고개를 끄덕였다. 지극히 사적인 피로가 지극히 보편적인 위로가 되어 커피잔처럼 손에 잡혔다. 혼자가 아니라는 생각에 다시 일상을 버려 낼 힘을 얻었다.

"매일 정신없이 바쁘긴 한데, 가끔 내가 뭘 하고 있는 건지 모르겠다."

"지영아, 우리한테 동기 부여 강의 좀 해도."

"나도 동기 부여가 필요한 판이다. 남편은 애들 잘 키우고 있는 걸로 충분하다고 하는데, 그 말이 더 속상하다."

"애들 키우는 거 중요하지. 근데 그게 내 인생 전부가 될까 무섭다. 영어 공부라도 해 볼까 싶다. 주희 언니가, 우리 영어 좀 가르쳐 주면 안 돼나?"

"미란아, 지금은 애들 뒤치다꺼리하느라 시간도 없고, 자신도 열정도 없다."

거제에 오기 전, 지영이는 기업 임원들을 상대로 강의했고 주희 언니는 영자신문 《코리아헤럴드》 기자였다. 미란이는 대기업 인사팀 대리였다. 셋 다 결혼 후 거제로 오면서 직장을 잃었고 육아에 전념하며 경력 단절 여성이 됐다. 커리어를 지키기 위해 주말부부로 버티던 때도 있었지만 끝내 이곳으로 왔다. 한때는 각자의 삶에서 주인공이었지만 이제는 누군가의 엄마이자 아내로 불렸다. 때때로 그 호칭은 따뜻했고 때로는 막막했다. 잃은 것이 비슷해서일까, 익숙하지 않은 이름으로 서로를 부르며 더 빨리 가까워졌다.

거제에는 고학력, 고스펙, 뛰어난 재능을 가진 여성이 많다. 대부분 결혼 후, 남편을 따라 이곳에 왔다. 각자 쌓아 온 커리어를 내려놓고 아이 시간표에 자신의 하루를 맞추며 다른 삶에 적응해 갔다.

누군가는 묻는다. 자녀 양육, 경제적 이유, 각자의 사정으로 따로 사는 게 더 나은 요즘, 굳이 신랑을 따라 거제까지 왜 왔냐고? 그 선택이 옳은지는 살아 봐야 알 일이다. 하지만 분명한 건, 그 결정이 결코 가볍지 않았다는 것이다. 어떤 선택은 너무 조용해서 위대해 보이지 않는다. 그들이 선택한 하루가 그렇게 이곳을 적시고 있었다.

개선되고 있다지만 결혼, 출산, 육아는 여성에게 여전히 복잡한 제약이 따른다. 섬에 갇히고 묻힌 재능과 꿈을 떠올리면 가슴 한 편이 저릿하다. 직장을 떠났을 뿐인데 세상이 나를 잊어버린 것 같다. 경력이 단절됐을 뿐인데 내 앞길까지 끊긴 것 같다. 반복되는 육아와 가사에 조금씩 내가 지워진다. 바쁘긴 한데 뭘 하는 건지 모르겠다. 매일을 살아 내고 있지만 살아 낸 흔적이 없다. 어느 때보다 열심히 살고 있지만 보상 없는 수고는 허무하기만 하다. 아이가 뜻대로 따라주지 않으면 더 좌절한다. 외부와의 교류는 제한되고 일자리 대부분은 조선소에 한정된 이곳에서 이대로 재능과 꿈이 사라질까 두렵다.

다행히 신은 이 모든 부정적인 감정을 극복할 강력한 무기를 주셨다. 아이 낳고 키워 봤으면 뭐든 할 수 있다는 정신이다. 매일 자신의 한계를 넘어서는 사람만이 가질 수 있는 인내와 끈기. 산더미처럼 쌓인 빨래를 개고 설거지를 하면서도 온라인 강의를 듣는다. 아이를 재운 후엔 본격적으로 자기 계발에 몰두한다. 외국어, 베이킹, 요리, 교육 관련 자격증, 창업까지. 다양한 분야에 도전하며 끊어진 시간을 이어 붙이려 애쓴다.

지친 몸을 이끌고 늦은 밤까지 책을 놓지 않는 건, 단지

새로운 기술이나 자격을 얻기 위한 준비가 아니다. 내가 누구인지 잊지 않기 위한 몸부림이다. 어제의 나와 멀어지지 않기 위한 현실적이고 절실한 선택. 변화는 더디고 눈에 띄는 성장은 없지만, 그 시간만큼은 내가 삶의 주인이다. 잊히지 않기 위해, 사라지지 않기 위해 스스로의 이름을 매일 부른다. 그렇게 쌓인 밤이 나를 지켜 낸다.

며칠 전, 4시간짜리 약국 아르바이트에 떨어진 이야기가 모임의 화두에 올랐다.

"또 애 없는 사람 뽑은 거 아니가? 오늘부터 한 달은 그 약국 안 갈 거다!"
"이참에 그냥 우리끼리 '숨고' 같은 플랫폼 하나 만들까?"
"수학, 영어, 독서, 피아노 전공자 다 있네!"
"이름은 '거제숨'으로 하자."
"거제의 숨은 고수?"
"아니, 거제에서 숨 좀 쉬자!"

엄마들의 티타임을 팔자 좋은 여자들의 한가한 수다로 치부했던 내 모습을 반성한다. 그건 그들의 잃어버린 자존감을 되찾고 서로의 강점을 발견하는 시간이었다. 일상을 버려 낼 힘과 용기를 충전하고 새로운 아이디어를 얻는 영감의 시간이었다. 경쟁보다는 공감이, 비교보다는 지지가 오가는 자리에서 작지만 가장 진한 공동체 형태를 보았다.

다시 시작할 수 있을지 불안해 하는 이에게 말하고 싶다. 그 불안은 나약함이 아니라 용기의 또 다른 얼굴이라고. 기회는 종종 대답이 아니라 질문의 얼굴로 다가온다고. '내가 할 수 있을까?', '지금도 괜찮을까?'라는 물음 앞에 멈춰 선 순간부터 이미 시작하고 있을지도 모른다고. 주춤거리는 걸음일지라도 틀림없이 앞으로 나아간다고.

2장

거제에
스며들다

우연이
운명이 되는 곳

"한 번 만나면 우연, 두 번 만나면 인연, 세 번 만나면 운명"이라고 한다. 운명이란 특별하고 드문 일인 줄 알았는데, 여기선 운명이 그저 일상이다. 거제에선 한두 명만 건너면 다 아는 사람이라는 말이 있을 정도다. 이곳엔 사람들이 촘촘히 얽혀 있다. 마트, 학교, 카페, 병원, 미용실. 어디를 가나 아는 얼굴과 자주 마주친다. 스쳐 지나가는 사람들도 한두 명 건너면 아는 사람일 확률이 크다. 서로 촘촘한 관계망에 엉겨 있다. 어디를 가든 누구를 만나든, 우연이 인연이 되고 그 인연이 다른 만남으로 이어진다.

"얼마 전에 네일 아트 받으러 갔는데, 거기서 반영구 눈썹 문신도 하더라."
"혹시, 가게 이름 H 아니가? 거기 유림이 엄마가 하잖아."

"맞다! 거기 유림이 엄마가 하는 데가?"

"어. 유림이 엄마가 반영구하고, 시누이가 네일 아트 한다. 둘이 동창이라더라."

"시누이랑 동창이라고? 거제가 진짜 좁긴 좁다."

"언니야, 나는 결혼 준비하다가, 우리 엄마랑 시어머니가 절친인 거 알았다니까!"

이곳에선 특히 더 착하게 살아야겠다고 생각했다. 공연을 보러 가면 아는 사람 대여섯 명쯤 마주치는 건 기본이고, 따로 예매했어도 앞뒤 좌석에서 만나기도 한다. 목욕탕에서 지인을 만나는 일도 전혀 놀랍지 않다. 자주 가던 카페 주인의 딸을 학교 도서부에서 만난 적도 있고, 독서 모임 회원을 모집하다가 뜻밖의 익숙한 얼굴들과 마주친 적도 있다. 워터파크에서 학교 남학생 무리와 맞닥뜨린 뒤로는 아예 워터파크에 발길을 끊었다.

마트에서 간단히 장을 보려 해도, 언제나 누군가와 마주칠 대비를 해야 했다. 누군가가 내 뒤를 지켜보고 있는 듯한 기분이 들 때도 있었다. 가끔은 가벼운 인사조차 피하고 싶었다. 좁은 관계망 안에선 작은 일도 삽시간에 퍼지고 사소한 행동도 금세 이야깃거리가 됐다. 말은 더 신중해야 했다.

특히 개인적인 문제나 다른 사람 이야기를 할 때는 더 조심스러웠다. 사람들 사이에서 피곤한 감정을 피하려고 슬며시 적당한 거리를 두기 시작했다.

그러나 적당한 거리는 나만의 노력으로 유지되는 게 아니었다. 몇 번 마주치고, 몇 번 인사하며 웃던, 그 이상도 아닌 아랫집 언니를 엘리베이터에서 만났다.

"이번에 딸아이 학교 들어가죠? 엄마 학교 출근이 좀 빠르지 않아요?"

'학교에서 일한다는 건 어떻게 알았을까?' 궁금해야 했지만, 이미 답을 알 것 같았다.

"아, 네, 그래서 휴직하기로 했어요."
"아이고, 뭐하러요. 우리 애랑 같이 가면 되는데. 8시 20쯤에 우리 집으로 보내요."

낯선 이의 배려에 '내 직장을 어떻게 알았을까?' 하는 찰나의 찜찜함은 일순간에 날아갔다. 익숙지 않은 배려라 거절했지만 불편함보다는 고마움이 앞섰다. 거리라는 건, 때로 예상치 못한 다정함에 조금씩 조정되기도 한다. 어쩌면 그 작은 손길들이 나를 이곳에 머물게 하는 건지도 모르겠다.

주변 사람들과 적당한 거리를 두는 걸 예의로 여기고 살았다. 너무 가까워도 불편하고 지나친 관심과 간섭도 피차 부담이다. 서로 알더라도 모른 척하는 게 더 편할 때가 많다. 불필요한 갈등을 피하는 방법이기도 하다. 그러니 얘기치 않게 갑자기 훅 들어오는 손길이 당황스러울 수밖에.

처음엔 몇몇 사람의 마음이 지나치게 열려 있다고 생각했다. 거리를 모르는 성격, 낯선 이에게도 스스럼없이 다가가는 태도쯤으로 여겼다. 시간이 지나면서 알게 됐다. 그건 이 섬이 오랜 시간 빚어낸 정서라는 것을. 바깥으로 뻗을 수 없는 손길이 안으로 향하고 그렇게 모인 손들 사이에 조용한 관계가 생겨났다. 서로의 사정을 잘 알기에 말하지 않아도 먼저 손을 내밀었다. 독감이나 코로나19가 기승을 부려 해열제가 부족할 때, 집에 남은 약을 나눴다. 주말에도 일하는 아빠들을 대신해 엄마들은 공동육아로 힘을 모았다. 섬이라는 닫힌 공간에서 시간이 길러 낸 생활의 리듬이었다.

독박육아 워킹맘으로 살면서, 이웃과 적당한 거리를 두

고 누군가의 도움을 거절하는 건 사치였다. 주말에 강의가 있을 땐 딸아이를 대신 맡아 주고, 아이가 아플 땐 병원까지 함께 다녀와 주는 사람들이 있었다. 그들의 손길은 친절이라는 말로는 부족했다. 고비마다 나를 구해 준 동아줄이었다. 어떤 도움은 계산되지 않았고, 어떤 정성은 보상을 기대하지 않았다. 그것은 되갚아야 할 빚이 아니라 언젠가 다른 자리에서 흘러가도록 내어 주는 신뢰였다. 묵직하지만 부담스럽지 않고, 자주 오지만 흔하지 않은 감정. 이곳에서 서로의 온기에 기대어 살아가는 법을 배우고 있다.

거제에선 인연이라는 말이 더는 소란스럽지 않다. 운명 같은 만남이 쌓여 가는 이곳이 낯설지만 싫지만은 않다. 어쩌면 이곳에 오게 된 것이 운명인지도 모르겠다. 이따금 물러서고 때로는 조심스레 다가서며 관심과 오지랖 사이의 좁은 경계를 헤아려 본다. 그렇게 약간은 비좁고 그래서 더 따뜻한 거제의 삶에 천천히 스며들고 있다.

바다 위의
공존

바다는 어떤 경계도 두지 않는다. 그래서일까. 거제는 다양한 국적을 가진 사람들을 품고 있다. 조선업이라는 핵심 산업이 많은 이를 불러들였다. 러시아, 우즈베키스탄, 태국, 베트남, 필리핀 등등. 외국인들이 거제 인구의 5퍼센트를 넘었고 일부는 결혼을 통해 뿌리를 내렸다. 서로 다른 언어와 얼굴과 문화가 얽힌 이곳은 작은 국제도시 같다.

　퇴근길, 학교 앞 큰 도로를 지날 때 자주 마주치는 모녀가 있었다. 가로수 길 아래, 손을 꼭 잡고 가볍게 걷는 두 사람. 인도 사람처럼 보이는 엄마와 서너 살쯤 되어 보이는 딸아이는 신나게 노래를 부르고 비눗방울을 불며 웃음소리를 띄웠다. 차창 너머로 스쳐 가는 그들만의 시간. 둘의 얼굴엔 행복이 흐르고 있었다. 그런데 이상하게도 내 안에선 묘한 애잔함이 일었다. 이곳에 처음 발을 디딘 순간의 낯섦과 외

로움이 두 사람의 얼굴 위로 겹쳤다.

낯선 타국에서 엄마는 딸과 함께 남편의 퇴근만 기다린다. 할 수 있는 일은 그리 많지 않다. 익숙한 동네 길을 걷거나 근처 놀이터에서 그네를 밀어 주고 저녁을 준비하는 일. 딸아이의 웃음에 잠시 마음이 풀리지만 엄마의 속 깊은 허기를 채우기엔 역부족이다. 하루를 채우는 단조로운 일상에서 엄마는 자꾸만 비어 간다. 엄마가 전부인 딸아이는 가끔 궁금하다. 왜 엄마 눈이 자꾸만 가라앉는지.

혹시 몰라, 아이에게 줄 간식을 차에 두고 다녔다. 번역 애플리케이션의 힘을 빌려 영어로 메모도 적어 놓았다.

"안녕? 퇴근길에 엄마랑 산책하는 모습을 자주 봤어. 이건 우리 딸이 좋아하는 간식인데 같이 나눠 먹고 싶어. 한국에서 행복한 시간 보내길 바랄게."

무례하게 느껴지지 않기를 바라며 용기를 냈다. 때로는 찰나의 온정이 누군가의 하루를 데우기도 하니까. 운 좋게 전할 기회가 생겼고, 그 후로 우리는 짧게 손을 흔들며 안부를 나누는 사이가 됐다.

거제의 마트나 식당, 길거리에선 다양한 언어가 귀에 스친다. 노르웨이와 덴마크 등 북유럽에서 온 사람들은 주로 조선소에서 관리자나 기술자로 일한다. 가족과 함께 이주해 안정된 삶을 꾸리고 있다. 러시아와 우즈베키스탄 출신 이주민은 혼자 온 경우가 많다. 작은 커뮤니티에서 서로의 어깨에 기대어 묵묵히 오늘을 살아간다. 태국, 베트남, 필리핀, 네팔, 몽골 출신 이주민은 대개 고향에 있는 가족을 부양하기 위해 왔다. 사랑하는 이를 위해 기꺼이 자신을 내어주는 삶. 그들을 보며 외로움도 누군가를 위한 선택이 될 수 있다는 걸 배웠다. 필리핀, 캄보디아, 베트남 출신 여성은 대개 결혼을 통해 이곳에 정착했다. 처음 듣는 말과 낯선 계절 속에서도, 이곳을 제2의 고향으로 만들어 가고 있다.

'에이미'도 그중 한 사람이다. 필리핀에서 온 그와 영어 성경 공부 모임에서 처음 만났다. 조용히 웃는 에이미의 눈엔 오래된 외로움이 앉아 있었다. 외로움은 때로 표정보다 눈에 먼저 앉는다. 낯선 땅에서 얼마나 많은 것을 혼자 견뎌왔을까. 에이미는 말을 거의 하지 않았고 나도 굳이 묻지 않았지만, 우리는 서로의 낯섦을 알아봤다. 이따금 만나 커피를 마셨다. 고향에 두고 온 가족 이야기, 한국에 오게 된 사연, 익숙해지지 않는 일상 속 막막함 같은 것들이 서로에게

로 흘렀다. 에이미는 말할 수 없는 그리움을, 나는 설명하기 어려운 외로움을 꺼냈다. 성경 구절을 빌려 서로를 다독이기도 했지만, 그저 옆에 앉아 함께 울어 주는 일이 더 큰 위로가 됐다.

에이미는 필리핀에서 대학을 졸업하고 한국인 남편과 결혼해 이곳에 정착했다. 그러나 사랑을 선택한 대가는 생각보다 컸다. 낯선 환경과 언어의 벽에 스스로 움츠러들었고 일상은 어느새 무기력한 늪으로 변해 버렸다. 사람들과의 만남을 피하며 자신을 잃어 갔다. 감정 없는 하루가 이어졌다. 텅 빈 마음을 겨우 붙잡고 살아가던 어느 날, 에이미는 자꾸만 자신을 끌어 내리는 감정을 글로 풀어내기로 했다. 이름 모를 감정, 뒤엉킨 혼란을 종이 위에 흘려보내며 조금이라도 가벼워지고 싶었을 것이다. 자신을 잃지 않기 위한 구조였을지도.

놀랍게도, 'Dreame.com'이라는 플랫폼에 올린 글이 전 세계 이용자들의 공감을 얻었다. 블로그에 쓰듯 연재하던 글에 점점 구독자가 모였고 마침내 유료 연재로 이어졌다. 자신감을 되찾은 에이미는 영어 회화 과외도 시작했다. 삶이 서서히 이전과는 다른 모양을 갖추기 시작했다. 에이미에게 더 큰 의미는 통장에 찍힌 숫자가 아니라 잊고 지낸 자신의 목소리를 다시 듣는 일이었다.

　우리는 종종 낯선 곳에서 길을 잃는다. 이름도 방향도 없는 하루하루, 세상은 점점 멀어지고 나조차 나를 잃어 간다. 하지만 낯섦이 우리를 갉아먹기만 하는 건 아니다. 숨겨진 무언가를 발견하기도 하고, 너무 가까이 있어 들리지 않던 목소리가 들리기도 한다. 고독은 종종 세상과 마주할 용기로 자라고 자신을 찾아가는 출발점이 되기도 한다. 길을 잃은 듯한 순간, 어쩌면 새로운 길이 열리고 있는지도 모른다. 에이미가 낯섦 속에서 자신을 잃고 찾은 것처럼.

　브라질에서 체육교육을 전공하고 물리치료까지 섭렵한 '엘렌'은 남편을 따라 노르웨이를 거쳐 한국에 왔다. 우리는 동네 헬스장에서 늘 비슷한 시간에 마주쳤다. 그 무렵 육아휴직 중이던 난 인생 처음으로 헬스장이라는 곳에 발을 들였다.

　내 운동 철학은 단호했다. '땀은 흘리지 않는다. 심장은 뛰게 하지 않는다. 운동은 느낌만 낸다.' 헬스장에 가기만 해도 이미 운동 80퍼센트는 해낸 셈이다. 반면 엘렌은 운동 디엔에이(DNA)를 타고난 사람이다. 거울 앞에서 정확한 자세를 체크하고 덤벨과 스텝박스를 능숙하게 다뤘다.

문제는 엘렌이 자꾸 나를 흘끔흘끔 쳐다보기 시작한 것이다. 본능으로 알았다. 이 사람과 엮이면 땀이 나고 심장이 뛸 거라는걸. 도망 다니기 시작했다. 기구 앞에 있다가도 엘렌이 다가오면 물 마시는 척, 스트레칭 중 눈이 마주치면 핸드폰을 확인하는 척. 운동 시간을 바꿔야 하나 고민하던 찰나, 엘렌이 작심한 표정으로 내 앞에 섰다. 밝고 시원한 웃음을 날리며 말했다.

"Want me to help your form?"

그날 이후, 처음으로 개인 트레이너가 생겼다. 서툰 영어와 몸짓이 유일한 대화 수단이었지만 대화는 오랜 친구처럼 편안했다. 엘렌의 밝은 에너지와 따뜻한 눈빛은 이방인으로서 느끼던 불편한 감정을 조금씩 녹여 주었다. 새로운 땅에서 두 번째 적응 중인 엘렌. 사실, 나보다 더 이방인인 그가 오히려 내 안의 그늘을 밝히고 있었다.

낯선 땅을 밟으며 엘렌이 무엇을 지웠고 무엇을 잃었는지 알지 못한다. 어쩌면 엘렌의 미소 너머엔 외로움과 두려움이 숨어 있을지도 모른다. 다만, 엘렌은 익숙한 것들과 계속 이별하면서도 낯선 것들을 다정하게 맞이하고 있었다.

엘렌을 보며 깨달았다. 낯설고 불확실한 내일, 우리가 할 수 있는 일은, 지금 이 순간을 따뜻하게 받아들이는 태도일지 모른다고. 우리는 모두 익숙한 것들과 수없이 이별하는 여행자들이니까.

외딴섬, 거제. 수많은 언어와 꿈이 얽히고설켜 있는 곳. 폐쇄적인 듯하지만 열려 있고 단절된 듯하지만 연결돼 있는 곳. 이곳에서 우리는 서로의 다름을 받아들이고 묵묵히 서로의 삶을 응원한다. 마음을 기울여 서로 어루만지고 각자의 마음에 피어난 작은 꽃을 함께 돌본다. 우리를 품어 준 바다처럼, 그렇게 우리도 바다가 되어 간다.

새벽 2시,
무인카페에서 만나요

할매. 친구들은 나를 그렇게 불렀다. 다행히 외모가 아닌 밤 10시를 넘기지 못한다는 이유에서다. 암울한 고딩 시절을 지나 세상 밖으로 막 뛰쳐나온 새내기 대학생 무렵 〈대장금〉, 〈천국의 계단〉, 〈올인〉 같은 시청률 40~50퍼센트 드라마가 줄줄이 나왔다. 전국이 밤마다 들썩였지만 나는 모르는 일이었다. 드라마가 시작하는 시각, 나는 이불을 덮고 1회차 꿈을 꾸고 있었다.

10시만 되면 하루치 에너지가 방전됐다. 충전 방법은 딱 하나, 잠. 새벽형 인간이 되려고 애쓰지 않았지만 그 시간에 자면 새벽 4시에 절로 눈이 떠졌다. 세상의 숨소리가 멎은 틈으로 조용히 나를 풀어놓았다. 아무에게도 방해받지 않는 그 고요함이 좋았다. 밤의 흥청거림 따위는 필요 없기에 평생 밤 문화를 즐길 일이 없을 줄 알았다. 육아 세계에 발을 들이기 전까진.

새벽에 혼자만의 시간을 가지는 거로는 채워지지 않는 것이 있었다. 남들은 잘 해내는 것 같은데 나만 헤매는 것 같은 자괴감. 아무리 신경 써도 뭔가 놓친 게 있는 것 같은 불안감. 애써도 달라지는 게 없어 보이는 무력감. 몸도 마음도 지쳐 가는데 어떻게든 버려야 한다는 압박감까지. 이런 감정은 마음 한구석에 웅크리고 있다가 아무 예고 없이 문득 덮쳐 왔다. 혼자 끌어안기 벅차고 꺼내 놓자니 어디서부터 말해야 할지 막막했다. 혼자만으로는 견딜 수 없는 어둠이 있다는 걸 알게 됐다.

결국, 밤의 세계에 발을 들였다. 동네 엄마들과 늦은 밤 데이트. 주로 금요일 저녁. 그날만큼은 고기반찬에 된장찌개, 생선, 콩나물, 종류별 김치에 후식까지. 거창한 생일상처럼 차린다. 이 시간 이후로 전화도 문자도 하지 말라는 무언의 경고장이랄까. 일 년에 몇 번 없는 그날을 위해 미리 투 샷 커피를 들이켜고 할매 모드에서 잠시 탈출한다. 비로소 열리는 특별한 시간.

"효민이가 영어 학원에서 집중을 못 하는 것 같다. 차라리 과외가 낫겠나?"

"민우, 키가 너무 작은 것 같아서 걱정이다. 영양제 아는 거 없나?"

"주말마다 애들 데리고 뭐하노? 어디 갈지 정하는 것도 스트레스다."

다들 오랫동안 모아 둔 말을 한꺼번에 쏟아부으려는 듯 쉴 새 없이 이야기가 뿌려진다. 맞장구칠 틈도 없이 새로운 주제가 튀어나오고, 대답하기도 전에 다른 이야기가 어디 선가 시작된다. 놀라운 건, 이 질서 없는 대화가 계속 굴러 간다는 거다. 엉킨 실타래 같은 대화에서 마음은 서서히 풀려나간다.

원래의 목적과는 달리 대화의 70퍼센트는 자녀 이야기다. 남편 이야기가 10퍼센트, 시댁 이야기가 10퍼센트, 나머지 10퍼센트는 일 이야기. 나를 빼놓고 흘려보낸 이야기 사이로 말하지 못한 마음들이 서서히 떠오른다. "주말마다 애들 데리고 뭐 하냐?"라는 질문엔 평일 내내 녹초가 된 몸으로 주말까지 어떻게 견디냐는 막막함이 숨어 있다. 아이들에게 충분히 해 주고 있는지 확인받고 싶은 마음도. "영어 학원에서 집중을 못 한다."라는 말엔 과외라도 시키면 달라지리라는 조심스러운 기대가 얹혀 있다. 그 기대에 누군가

고개를 끄덕여 주길 바라는 마음까지.

　"저…. 마감 시간이 다 돼서요."
　"아, 죄송해요! 얘기하다 보니 시간이 이렇게…."

　우아하게 마시려던 커피는 이미 차갑게 식었다. 후루룩 꿀꺽, 숨 돌릴 틈도 없이 원샷. 테이블에 널브러져 있던 핸드폰이며 가방, 머리끈을 손에 잡히는 대로 쓸어 담지만 뭔가를 흘린 기분이다. 아직 꺼내지 못한 이야기를 허둥지둥 구겨 넣은 채, 멋쩍은 인사로 카페를 나왔다.

　거제의 카페는 밤 10시면 불이 꺼진다. 술집도 새벽 1~2시면 문을 닫는다. 일 년에 몇 번 없는 만남. 오늘만큼은 신데렐라가 될 수 없다. 쫓기듯 발길을 옮긴 끝에 편의점 봉지를 들고 바닷가로 향했다. 깜깜한 밤공기 속에서 서로의 눈빛만 반짝였다. 파도는 우리 대화를 쉴 새 없이 어디론가 실어 날랐다.

　다음 코스는 차 안이다. 좁은 공간에 몸을 구겨 넣고도 답답하지 않다. 뿌옇게 김 선 창문에 "다이어트는 내일부터.", "집에 안 갈래.", "여기서 2박 3일!" 같은 이루기 힘든 소원을 쓴다. 맞닿은 어깨의 온기로 언 마음이 녹아내린다. 뜨

끈한 음료가 목구멍을 타고 내려가고 입안에서 와삭거리는 과자 소리만으로도 대화는 충분하다.

새벽까지 이어지는 이야기는 "애들 학원비 너무 비싸지 않나?"로 시작해 "우리 남편 진짜 눈치 없다."로 넘어갔다가, 급기야 "오늘 반찬 뭐하지?"로 끝났다. 비장하게 나온 것치고는 넓지도 깊지도 않은 대화였다. 어디서부터 꺼내야 할지 모르는 말은 꺼내지 않아도 괜찮았다. 말은 가벼운 웃음과 짧은 탄식 사이를 오갔다. 풀지 못한 매듭을 끌어안은 채, 우리는 같은 시간을 건너고 있었다. 그것만으로도 덜 외로웠다. 알아 달라고 애쓰지 않아도 마음은 어딘가 가만히 닿았다.

마음을 돌보는 대화는 대개 건설적이지 않다. 특별한 계획도 뾰족한 해법도 대단한 조언도 없다. 답을 찾지 않아도 되고 지금 이대로도 괜찮다는 여유를 주는 대화. 아픔을 서둘러 지우려 하지 않고 자신이 충분히 이해받고 있다는 느낌을 주는 대화. 이 사소한 대화가 다시 일어설 힘을 주었다. 울고 싶던 날에도 어디론가 훌쩍 떠나고 싶던 날에도.

하루를 견디게 하는 것도 삶을 이어가는 것도 결국은 작은 것들이다. 따뜻한 말 한마디. 이유 없는 웃음. 의미를 묻지 않고 곁에 머무는 시간. 사소하고 가벼워서 금방이라도 흩어질 것 같은 것들이, 무너지려 할 때마다 가장 먼저 손에 닿는다. 삶은 거대한 무엇 위에 세워지지 않는다. 부서질 듯 흔들리는 나날 위에 작고 여린 것이 겹겹이 쌓이며 세워진다. 오늘도, 사소한 온기에 기대어 걷는다.

감각이
돌아온 계절

여름은 감각이 먼저 도착하는 계절이다. 눅진한 공기는 가만히 있어도 등을 적시고 기운 없는 바람이 피부에 들러붙었다. 바닥 열기에 신발 밑창이 달궈지고 종일 햇빛을 먹은 벽은 밤이 되어도 식지 않았다. 몸이 먼저 계절의 이름을 눈치챘다.

도시의 여름은 그 감각을 피하는 데 온 힘을 써야 했다. 선글라스를 쓰고 휴대용 선풍기를 들고서도 건물 벽 그늘에 붙어 다녔다. 점심시간에도 나가지 않고 약속도 실내로만 잡았다. 그렇게 피해 다니지만 햇빛은 유리창을 뚫고 눈을 찔렀다. 회색 빌딩 사이로 불어오는 바람은 땀방울을 물줄기로 만들었다. 아스팔트 위로 열기가 일렁이고 나는 일그러졌다. 에어컨 바람에 기대어 하루씩만 버텼다. 바깥은 뜨겁고 어딜 가나 사람들로 북적였으며 마음은 쉴 곳을 잃었다. 여름은 그저 견디는 계절이었다.

거제의 여름은 그 감각을 피하지 않아도 되는 계절이었다. 어디를 가도 자리가 비어 있었다. 마음은 앉을 곳을 찾았다. 눈을 찌르던 햇빛은 이마 위에서 부드럽게 퍼지고 뜨겁고 무거운 공기 대신 얇고 투명한 바람이 얼굴을 스쳤다. 연두와 짙은 초록, 그 사이 어딘가의 색들이 숨을 들이마신 듯 겹겹이 쌓였다. 그 풍경 앞에서 오랫동안 밀어내던 감각에 조심스레 마음의 등을 기댔다. 물속에 잠기듯 그 감각으로 들어가고 싶었다. 이름 붙이지 않아도 되는 마음, 언어로 옮기지 않아도 흘러가는 감정.

그런 감각에 오래 몸을 맡기고서야 알았다. 너무 오래, 생각에만 기대어 살아왔다는 것을. 기쁨도 슬픔도 두려움도 늘 이유를 요구했고, 감정은 몸이 아니라 문장으로 지나간 뒤에야 겨우 내 것이 되었다. 감정보다 해석이 먼저였고 마음보다 설명이 앞섰다. 끊임없이 스스로를 검열하며 살아온 셈이었다.

거제에 온 뒤, 가장 먼저 돌아온 건 감각이다. 햇살이 피부에 닿는 따뜻함, 바닷바람이 머리카락 사이를 스치는 소리. 예전 같으면 흘려보낼 것들이 자꾸만 걸음을 붙들었다.

잊고 지내던 내 일부가 천천히 되살아나는 듯했다. 그제야 알았다. 느낀다는 건 살아 있다는 것이고, 살아 있다는 건 꼭 설명하지 않아도 되는, 떨림에 반응하는 일이라는걸.

자주 바닷가를 찾았다. 바다에는 여름의 감각이 더 짙게 배어 있었다. 햇살 아래 물결이 유난히 가볍게 부서졌다. 파도가 모래를 긁는 소리는 투명하게 맑았다. 딸아이는 웅덩이를 파고 성을 쌓았다. 그림을 그리고 파도가 지우면 다시 그렸다. 그 옆에 앉아 바람을 마셨다. 모래의 온기가 살을 데웠다. 그 온기에 마음도 풀어졌다. 쫄깃한 갯벌도 걸었다. 움찔거리며 달아나는 작은 생물들과 눈이 마주치고 발끝 아래 물컹한 진흙이 눌러지다가 천천히 올라오는 것을 느꼈다. 얇게 흐르는 물의 냉기를 뚫고 미끄럽고 서늘한 감촉이 손끝을 지나갔다. 감각에 집중한다는 건, 지금, 여기, 하나에 마음을 기울이는 일이었다. 아무 생각도 들지 않았다. 오직 그 감각만이 또렷했다.

시계를 보지 않아도 괜찮았다. 모래의 온기, 바람이 바뀌는 방향, 아이의 젖은 발자국, 파도가 쓸고 간 자리. 사소한 감각이 하루를 채웠다. 두꺼운 외투도 모자도 없이 맨몸으로 바다를 마주했다. 덜어 낼 것도 더할 것도 없이 그대로 닿는 감각에 잠겼다. 시간 대신 감각으로 계절 안에 머물렀다.

물소리, 바람결, 피부에 닿는 공기 같은 작고 선명한 감각이 내 안을 채워 갔다. 젖은 나뭇잎에 맺힌 빛, 새벽 공기 속 익숙한 냄새. 예전 같으면 흘려보낼 작은 떨림조차 이곳에선 자꾸만 서성이게 했다. 감각은 몸을 깨우고 몸은 조용히 마음을 일으켰다. 한참 동안 잠들어 있던 내 일부가 아무 설명도 없이 천천히 고개를 들었다. 회복은 그렇게, 느껴지는 것에서 시작됐다.

감각이 돌아오자 나도 따라 돌아왔다. 해석과 판단으로만 살아가던 마음이 잠잠해지고, 그 아래 숨어 있던 내가 조용히 모습을 드러냈다. 말로는 닿지 않는 자리에서 작고 느린 감각이 나를 다시 나에게로 이끌었다. 이름 붙일 수 없는 감정이 말로는 데려갈 수 없던 자리에 나를 앉혔다. 존재는 언제나 단정한 문장이 아니라 느껴지는 것 안에 있었다. 반응하고 있다는 실감. 그 안에 내가 있었다. 그렇게, 오래 비워 두던 내 자리에 조용히 돌아왔다. 아직, 그 여름에 있다. 빛과 바람, 작은 감각에 몸을 기울이며.

휴가는 도시로

20대엔 월급에 따라 내 값어치가 달라지는 줄 알았다. 더 많이 벌기 위해 스스로를 끝없이 몰아붙였다. 두 달쯤 지나면 어김없이 번아웃(burnout)이 찾아오고 그럴 때면 공항으로 향했다. 밥벌이에 매여 당장 떠날 수는 없지만 떠날 수 있을 것 같은 기분이 필요했다. 탁 트인 활주로만 봐도 숨통이 트였다. 하늘을 가르는 비행기에 마음도 실었다. 탑승을 기다리는 여행자들 틈에 섞여 그들의 얼굴을 따라다녔다. 설레는 표정으로 시간을 확인하는 사람, 초조한 걸음으로 게이트를 찾는 사람…. 그들 눈엔 각자의 목적지가 뚜렷하게 떠 있었다. 한참을 그들의 눈동자를 좇아 다녔지만, 내가 도착한 곳은 늘 공항 식당이었다. 늦은 점심, 혼밥.

거제에 온 뒤로는 더 이상 공항을 찾지 않았다. 공항이 멀기도 하지만 이곳 생활이 이미 여행이기 때문이다. 활주로 대신 수평선이 끝없이 길을 열어 주고, 바람은 지도에 없는 풍경 앞으로 데려다주었다. 떠나야만 만날 수 있을 것 같던 해방감과 평온이 내 안에 이미 자리하고 있었다.

빛이 있으면 그림자가 따르듯 모든 게 만족스럽지는 않았다. 도심에서 누리던 다양한 음식과 편의시설과 문화생활이 늘 아쉬웠다. 너무 밝아 잠을 설치던 도시의 밤이 이따금 환하게 떠오르며 마음을 흔들었다. 사람들의 제멋대로인 발걸음과 쉴 새 없이 쏟아지던 말, 제각기 흩어진 마음이 뿜어내던 무질서가 그리웠다.

딸아이는 여름휴가를 서울에서 보내는 걸 좋아했다. 구경할 것도 많고 사람도 많아서 뭔가가 계속 일어나는 것 같다고 했다. 하늘을 찌를 듯 솟은 빌딩, 놀이공원의 소음, 낯선 얼굴들 틈에 섞여 떠밀리듯 돌아다니는 걸 즐거워했다. 아이들이 자연을 좋아할 거라는 믿음은 착각이었다.

사람들 대부분이 휴가 때 한적한 자연을 찾아 떠나지만, 일상이 휴가인 우리는 도시로 떠난다. 시외버스를 타고 2시간, 부산역에서 KTX나 SRT를 타고 3시간을 더 달려 서울로 향한다. 차를 끌고 가면 8시간이 걸린다. 공연 하나 보려면 숙소까지 예약해야 하니 지갑은 두 배로 가벼워진다. 서

울에 발을 딛자마자 체력은 이미 바닥이지만 기대감에 발을 동동 구르는 딸아이를 보며 없던 힘도 쥐어짠다.

다온이의 최애는 롯데월드다. 거기만 가면 두 발이 땅에 닿질 않는다. 놀이기구 앞에서 몇 시간씩 기다리면서도 입에서는 노래가 끊이지 않는다. 쏟아질 듯한 눈망울은 이미 다음 코스를 탐색 중이다. "밥 먹자"라는 말엔 "나중에!"라며 손사래를 치고 바람처럼 사라진다. 참방거리는 아이의 웃음소리를 연료 삼아 녹초인 몸을 겨우 움직인다.

스타필드에 들어서면 열 발짝도 떼기 힘들다. 사고 싶은 것들이 다온이의 눈동자에 줄을 선다. 처음 보는 인형과 아기자기한 소품들로 가득 찬 매장은 완벽한 보물찾기 현장이다. 하나만 살 수 있다는 엄마의 규칙이 어느 때보다 야속한 곳. 다온이는 이것저것 들었다 놨다를 반복하며 손끝으로 수십 번 고민한다. 마지막 선택은 늘 같다. 거제에서 살 수 없는 것.

숙소에 도착하자 겨우 붙잡고 있던 체력 게이지가 순식간에 레드존으로 떨어졌다. 신발을 대충 벗어 던지고 침대에 녹아내리듯 쓰러졌다. 하지만 딸아이의 하루는 아직 끝나지 않았다.

"엄마, 우리도 서울에서 살면 안 돼? 놀 것도 많고, 갈 데도 많고, 볼 것도 많잖아."

서울에서의 치열한 삶을 알 리 없는 아이의 순수함에 웃음이 터졌다. 딸아이의 미래를 생각하며 수도권으로의 이사를 진지하게 고민한 적이 있다. 특히 다온이가 지하철을 보며 "기차다!"라고 외쳤을 때나, 버스 환승 시스템에 놀란 표정을 지었을 때는 더 심각해졌다. '보지 못하는 건 없는 거나 마찬가지다.'라는 말이 그토록 와닿은 적이 없었다. 대한민국 인구의 20퍼센트가 서울에, 절반 가까이가 수도권에 사는 이유가 그저 편리함 때문만은 아닐 것이다.

아이가 보지 못한 세상에 대한 아쉬움은 크지만 아이의 바람을 들어주기엔 현실이 너무 명확했다. '서울에서 작은 오피스텔 하나쯤은 구할 수 있으려나…?' 비교하고 저울질했다. 살고 있는 집과 비슷한 조건을 맞추려면 적어도 세 배 이상의 돈이 필요했다. 대출을 끼고 허리띠를 졸라맨다 해도 문제는 그다음이었다. 생활비도 지금보다 많이 들 테고, 가족과 여유롭게 밥 한 끼 나누는 일조차 쉽지 않을 것이다. 교육비까지 더해지면 삶이 온통 숫자로 채워질 것 같았다.

옮긴다는 건 주소만 바꾸는 일이 아니라 삶의 무게중심

을 옮기는 일이다. 월급, 대출 이자, 교육비 같은 숫자들 사이에서 마음이 점점 비좁아질 것 같았다. 숨 돌릴 틈 없이 팍팍하게 살아도 돈과 시간에 쫓기는 하루들. 서울에서 살아갈 수는 있을지 몰라도 바라던 삶의 모습은 아닐 것이다. 교육, 의료, 문화 등 인프라는 분명 매력적이지만, 그것보다 더 간절한 무언가가 있다는 걸, 어느 순간부터 알고 있었다.

피곤에 쫓기지 않은 채 하늘을 바라볼 수 있는 오후, 하루를 천천히 되감아 볼 수 있는 밤. 눈앞의 계절을 온전히 느끼며 사는 균형 잡힌 삶. 그런 순간이 차곡차곡 쌓이자 삶이 꼭 크지 않아도 괜찮겠다는 생각이 들었다. 더 가지려고 애쓰는 대신 이미 손안에 있는 것을 가꾸기로 했다. 가족과 나에게 더 많은 시간을 내어 주고 거기서 만족을 찾는 삶. 결국, 지금, 거제에 있다.

서울에서 거제로 내려오는 길, 차창 밖으로 빽빽하던 건물이 듬성듬성 흩어지고 초록색 배경이 그 자리를 채웠다. 엄마 몸에 기대어 꾸벅꾸벅 졸던 다온이가 눈을 번쩍 뜨며 외쳤다.

"드디어! 집에 다 왔네!"

창밖을 내다보는 아이의 얼굴에 안도감이 번졌다. '드디어'라는 말이 갖는 의미를 나 또한 잘 알고 있다. 며칠 동안 화려한 뷔페 음식을 먹으며 설렜지만 집밥이 그리워지는 순간. 서울에서 느끼던 흥분과 기대는 저 멀리 날아가 버렸다. 그 자리에 남은 건 그리움도 설렘도 아닌 일상의 평온함이었다.

다른 세계로의 여행은 흥미로웠지만, 결국 마음을 누일 수 있는 곳은 여기였다. 어쩌면 여기, 돌아올 곳이 있기에 여행이 즐거운 건 아닐까. 돌아오는 길은 조용히 말해 주었다. 원하는 모든 것을 가질 수는 없지만 필요한 것은 이미 곁에 있다고.

방콕녀의
첫 캠핑

남편과 나는 애초부터 다른 세계 사람이다. 나는 삼십 분 걷느니 차라리 세 시간 책을 읽겠다는 확고한 집순이고, 남편은 집에 있으면 병이 나는 사람이다. 우리는 서로 다른 세계에 끌려 결혼했다. 일 대 일. 균형은 나쁘지 않았다. 그러나 아빠를 쏙 빼닮은 딸아이가 태어나면서 판이 기울었다. 이 대 일. 균형이 흔들렸다. 가정의 평화를 위해 소파와의 뜨거운 사이를 잠시 식혀야 했다.

"아빠, 우리도 캠핑 가자!"
"다온이가 낭만을 좀 아네! 엄마한테 말해 봐."

딸아이는 곧장 나에게 향했다. 못 들은 척 핸드폰 화면만 넘겼지만 아이는 포기할 생각이 없었다.

"엄마~아~ 가자. 나도 텐트 치고 별 보고 싶어. 절대 힘들게 안 할게."

"안 돼. 엄마는 무조건 콘크리트 안에서만 잔다고!"

"그럼 캠핑하고, 잠은 집에 와서 자자. 어때?"

우리의 첫 캠핑은 그렇게 시작됐다.

이름 모를 벌레들과 딱딱한 바닥, 불편한 화장실과 몸을 지키기엔 턱없이 얇은 천. 그 안에서 낭만을 찾는다는 말은 허세 같았다. 두 사람의 끈질긴 성화에 마지못해 짐을 챙겼다. 물론, 잠은 집에서 자는 조건으로. 가족의 평화를 위해 몇 시간만 버텨 보자는 마음이었다.

캠핑장에 도착하자마자 두 사람은 기다렸다는 듯 움직였다. 남편은 텐트를 치며 땀을 쏟아 내면서도 콧노래를 흥얼거렸다. 딸아이는 자기 몸만 한 의자와 테이블을 끌며 내 앞을 가로질렀다. 집에서는 소파에만 늘어져 있는 사람들이 바깥바람 한번 쐬었을 뿐인데 어쩜 저리도 생기가 도는지. 호흡도 척척 맞았다. '저렇게 집에서도 좀 움직여 주면 얼마나 좋을까.' 괜히 속으로 딴지를 걸며 시계만 힐끔거렸다. 애초에 내 목표는 단 하나, '버티기'였으니까.

눈앞에 산 능선이 흐르고 아래로 잔디밭이 퍼져 있었

다. 아이들과 강아지들이 그 위를 구르며 뒤엉켰다. 강아지 한 마리가 공을 낚아채 달아나자 둘은 망설임 없이 뒤쫓았다. 잔디밭 끝까지 달려가더니 모래밭에 주저앉았다. 모래를 모아 케이크를 빚으며 숨을 고르다 배드민턴 라켓을 들었다. 셔틀콕은 뜨기도 전에 바람에 휩쓸려 엉뚱한 곳으로 떨어졌다. 둘이 웃었다. 또 올리고 또 떨어지고. 돌아올 이유도 돌아갈 시간도 없어 보였다. 그 소란을 멀찍이서 바라봤다.

혼자 조용히 커피를 내렸다. 그들의 세계와는 다른, 조용한 세상. 누구와도 얽히지 않는 고요함이 은근히 좋았다. 끌려다니지 않아도 되고 다급한 호출도 없고 "안 돼!", "잠깐만!", "위험해!" 같은 말을 무한 반복하지 않아도 되는 시간이었다. 커피향이 텐트 안을 채우고 잔디를 스치는 바람이 발끝을 간질거렸다. 멀리서 들려오는 웃음소리가 잔잔한 물결처럼 밀려왔다. 캠핑을 다시 와도 괜찮겠다는 생각이 살짝 들었다. 책장을 넘기며 그들과 조금씩 멀어져 갔다.

"안녕하세요. 혼자 계시네요. 이거 제가 만든 쿠킨데, 나중에 딸아이 오면 같이 드세요."

옆 텐트 아이 엄마가 말을 건네 왔다.

"감사해요. 저는 드릴 게 없는데, 어떡하죠?"
"아니에요. 아이가 우리 애랑 또래 같아서요. 나중에 같이 놀면 좋겠어요."

그의 말투와 몸짓에선 여유가 묻어났다. 캠핑이 익숙한 게 분명했다. 커피를 나누며 특별한 노력 없이도 대화를 이어갔다. 아이들도 금세 어울렸고 그들의 웃음소리가 잔잔한 배경처럼 퍼졌다. 손에 쥐고 있던 책은 어느새 구석으로 밀려났지만 다시 펼치고 싶지는 않았다.

바람에 펄럭이는 텐트, 알루미늄 테이블 위에 흩어진 식기들, 이름도 모른 채 커피를 나눠 마시던 사람들. 모든 게 낯설지만 마음은 이상하리만큼 편안했다. 편안함은 익숙함 속에만 있는 줄 알았는데 그게 아닐 수도 있다는 생각이 들었다. 익숙한 일상은 늘 뭘 해야 하는지를 알려 주지만, 여기선 무엇도 재촉하지 않았다. 그 사실이 조금은 놀랍고 조금은 위로가 되었다. 익숙함이 주는 질서가 아닌 낯섦이 주는 여백. 가끔은 이런 낯섦을 기꺼이 즐길 수 있을 것 같았다.

두 번째 캠핑에선 '버려야지'라는 생각이 들지 않았다. 설렘이 커졌다. 옆 텐트 사람들과 나눌 음식도 챙겼다. 준비된 마음처럼 손에 들린 것들이 가볍게 느꼈다. 어깨를 맞대며 하늘을 가린 나무들 사이로 가느다란 햇살이 떨어졌다. 그 아래 자리를 잡았다. 텐트를 치는 일도 짐을 푸는 일도 피하지 않았다. 손끝에 닿은 금속의 차가움, 부풀어 오른 천의 질감, 지퍼가 열릴 때 전해지는 미세한 떨림까지 모두 손끝에 담았다. 바람이 불고 잎이 흔들렸다. 아주 오래전부터 이 자리에 있던 사람인 것 같았다. 문득, 궁금했다. 캠핑장에서 마시는 모닝 커피의 맛이.

　그렇게 콘크리트 건물 대신 얇은 천 아래서 첫날 밤을 보내기로 했다. 은은하게 퍼지는 달빛을 등불 삼아 텐트마다 웃음소리가 번졌다. 공기 중에 짙게 스며든 숲 향기, 촉촉한 잔디를 스치는 서늘한 바람. 고요함을 깨우는 풀벌레들의 노랫소리. 콘크리트 벽 안에서는 결코 만날 수 없는 것들. 그날 밤, 나는 나무가 되고 바람이 되고 별이 되었다.

　낯선 사람과 만나 낯선 곳에서 낯선 캠핑을 한다. 숯불 위에서 천천히 부풀다 그을리는 마시멜로, 기름을 튀기며 익어 가는 삼겹살, 손전등으로 천장을 비추며 만드는 손그림자, 램프 아래 모여 앉아 먹는 컵라면, 텐트 위로 반짝이는 별빛 몇 개. 셀 수 없는 낯선 것들이 어느 틈에 자라난 들풀처럼 내 삶에 자라나 있었다.

삶이란, 익숙한 것만으로는 채워지지 않는 건지도 모르겠다. 낯선 두 사람이 내 안에 들어왔듯, 낯선 캠핑도 낯선 거제도 언젠가 내 삶을 채울 것만 같다. 아니, 이미 그런 중인지도.

아빠,
여행하듯 만나요

토요일 아침 9시. 침대에 눌어붙은 몸을 억지로 떼어 내며 어김없이 외출 준비를 했다. 주말이면 어디든 반드시 나가야 한다는 암묵적인 원칙 때문이다. 물론 동의한 적은 없다. 그걸 성실히 지키는 건, 언제나 나를 뺀 두 사람이다.

"엄마, 텀블러랑 돗자리 챙겼어?"

"다온아, 아빠가 다 챙겼어. 엄마 마음 바뀌기 전에 얼른 나가자!"

"엄마, 내가 커피 사 줄게!"

현관문을 열기 직전까지 갈팡질팡하는 마음을 잘 아는 듯 두 사람은 내 비위를 맞추느라 바쁘다. 이렇게까지 나를 끌고 가야 하나 싶지만 엄마도 함께 가야 행복이 세 배라는 딸아이의 성화에 결국 주차장으로 향했다.

"어? 외할아버지 차다!"
"무슨 소리고? 외할아버지 차가 여기 왜 있노?"

웬걸. 두 시간 반 거리인 양산에 있어야 할 아빠 차가 정말로 우리 동 앞에 주차돼 있었다.

"아빠, 연락도 없이 어쩐 일로? 오셨으면 집에 들어오시지, 왜 여기 계신대?"
"방금 도착했다. 볼일 있어서, 오는 김에 잠깐 들렀지."

나는 안다. 아빠가 날 보러 왔단걸. 그리고 주차장에서 한참을 머물러 있었다는걸. 딸이 보고 싶어 집 앞까지 달려왔지만, 주말 아침 결혼한 딸에게 전화하기가 쉽지 않았을 거다. 딸의 생활에 불쑥 끼어드는 게 아닌지, 혹시 부담스러워하지는 않을지 망설였겠지. 딸이 보고 싶다는 당연하고 소박한 바람마저도 조심스러워지는 나이. 어느덧 아빠는 다녀간 흔적조차 남기지 못한 채 돌아서야 하는 나이가 됐다.

"장인어른, 시간 괜찮으시면 같이 가시죠?"

그렇게 우리 넷의 갑작스러운 하루가 시작됐다. 샌드위치와 커피로 속을 간단히 채우고 '해안거님길'을 따라 걸었다. 바다는 여느 때처럼 아무 일 없는 얼굴로 파도를 보내고 아빠는 늘 그렇듯 나보다 앞서 걸었다. 아빠의 등은 여전히 잔잔하지만 어딘가 쓸쓸했다. 아빠의 뒷모습을 보며 이따가 좋아하시는 물회를 사드려야겠다고 생각했다.

잔잔한 바다 위로 데크길이 길게 이어졌다. 산이 느린 곡선을 그리며 바다를 감싸고 그 품에 작은 마을들이 웅크리고 앉았다. 굽은 길을 돌 때마다 달라지는 풍경에 마음을 빼앗기지만 아빠의 시선은 한 곳에만 머물러 있다. 손을 끌며 앞서가는 다온이. 깔깔대는 다온이의 웃음에 주름진 눈가도 덩달아 일렁였다. 어릴 적, 나를 보며 환하게 웃으시던 그때처럼.

두 사람의 뒤를 따라 느릿느릿 걸었다. 작아진 아빠의 어깨가 자꾸만 눈에 밟혀, 일부러 시선을 발밑에 두었다. 아빠 그림자엔 세월이 없었다. 주름도 흰머리도. 내가 웃을 때마다 세상을 다 가진 듯이 웃던 사람이 그대로 있었다.

두 시간 남짓 걷고 난 뒤, 근처에 있는 물횟집으로 향했다.

시원한 국물이 아빠의 목을 타고 내려가는 소리가 들렸다.

　"우와! 할아버지, 다 드셨네!"

　어린 손녀는 텅 빈 그릇을 내려다보며 해같이 웃었다. 할아버지의 입꼬리도 수줍게 올라갔다. 둘 사이에 오가는 다정한 눈빛을 가만히 바라보았다. 그 따뜻함 사이 어딘가에서 어쩐지 시린 바람이 불었다. 앞으로 몇 번이나 더 물회를 함께 먹을 수 있을까. 지난번보다 굽어진 어깨 위로 지나간 시간과 오지 않은 날들이 서글프게 내려앉아 있었다.

　아직 오후 2시. 햇살은 한창이지만 아빠의 눈꺼풀은 반쯤 내려와 있었다. 아침 일찍부터 운전하셨으니 그럴 만도 했다. 더 보여 드리고 싶은 마음은 욕심이었다. 계획을 틀어 차로 10분 거리인 '옥화마을'로 향했다. '해안거닐길' 코스에 포함된 곳이라 자주 들르던 곳이다. 익숙한 찻집에 들어가 창가 자리에 앉았다. 퍼지는 차향을 타고 말보다 더 많은 것이 퍼졌다. 함께 마주 앉은 이 오후가 조금 더 오래 머물러 주길 바랐다.

　"이제 슬슬 가 봐야겠다."

"아버님, 좀 더 계시다가 저녁 같이 드시고 가시죠?"

"이만 가야지, 차도 막힐 것 같고."

아빠의 눈꺼풀이 바람 빠진 풍선처럼 주저앉았다. 더 붙잡을 수는 없을 것 같았다.

"아이고, 내 정신 좀 봐라! 너희 차에 자리 좀 있나?"

천천히 몸을 일으키면서 아빠가 말했다.

아빠 차 트렁크에는 내가 좋아하는 고구마와 거봉이 박스째 실려 있었다. 묵직한 상자를 꺼내는 작아진 어깨에 오래전부터 준비된 미소가 번졌다. 흐뭇한 얼굴이지만 나는 금방이라도 눈물이 쏟아질 것 같았다. 아빠 어깨가 닳아 없어질 때까지 받기만 한 것 같아서. 마음이 닳아 없어질 때까지 받기만 할 것 같아서.

"아빠, 살이 더 빠지신 것 같다. 이런 거 사 오지 말고, 잘 좀 챙겨 드셔."

K 장녀의 애정 표현은 아직도 이렇게 서툴다. 결눈질로

쏘아 보는 딸아이의 매서운 눈초리에 얼른 고개를 돌렸다. 다행히 막 올라오려던 눈물이 제자리로 돌아갔다.

제일 탐스러운 걸 고르느라 얼마나 고민하셨을까. 트렁크에 싣고 달려오는 동안 딸 얼굴을 몇 번이나 떠올리셨을까. 딸을 만날 생각에 먼 길도 피곤치 않으셨겠지.

부모가 되고서야 알았다. 부모란 자식의 작은 기쁨을 위해서라면 어떤 헌신도 기꺼이 감수하는 존재라는걸. 계산 따위 없는, 순수하고 비효율적인 사랑을 준다는걸. 그렇게 매번 받아 놓고 자꾸만 미뤄 왔다. 거리가 멀다는 이유로, 시간이 없다는 핑계로. 트렁크 앞에서 마음이 무거웠던 건 아마 그 때문이었을 거다.

부모에게 자식을 만나러 가는 길은 늘 새로운 설렘을 안고 떠나는 여행이다. 어제와 똑같은 자식은 없으니까. 내가 아니라면 아마 오지 않았을 이 길도, 그런 여행이 되기를. 해안선을 따라 흐르는 바람과 햇살에 반짝이는 물결의 울림이 아빠의 삶에 차곡차곡 쌓이기를.

운전석 차창 너머로 손을 흔드는 아빠에게 손을 흔들었다.

"아빠, 자주 와요! 딸도 보고, 관광도 하고, 얼마나 좋노!"

익숙한 말투에 담긴 익숙하지 않은 간절함. 차 엔진 소리가 희미해지자 목구멍에 걸려 있던 한 줄기 감정이 겨우 내려앉았다. 부모와 자식은 평생 서로의 뒷모습을 바라볼 수밖에 없는 운명인 걸까. 멀어지는 차 뒷모습을 오래도록 눈에 담았다.

메러디스 빅토리호로
시작된 이야기

무언가 안다는 건, 비어 있는 벤치에 앉아 그 자리에 남아 있던 기다림의 무게를 느끼는 일이다. 머물다 간 시선 끝에 맺힌 마음을 조용히 헤아려 보는 일. 그렇게 어제는 보이지 않던 누군가의 풍경이 내 안에 가만히 들어앉는 일이다.

마을마다 얽힌 이야기. 그 이야기 길을 걸으며 자꾸만 걸음이 멈춘다. 오래된 얼굴과 목소리, 낯선 듯 익숙한 냄새, 바람에 실린 시간이 어른거린다. 한때는 의미 없는 풍경이 하나둘 또렷해진다. 마치 기억 속 어딘가에 머물다 온 것처럼. 그중에서도 마음이 오래 머문 곳이 있다.

장승포항. 짠 내와 기름내가 수면 위를 끈적하게 맴돌고, 녹슨 배들이 물결에 밀려 삐걱거리며 흔들린다. 텅 빈 방파제 위로 갈매기 울음만이 바람을 타고 흩어진다. 그곳에 '메러디스 빅토리호'가 있다. 영화 〈국제시장〉 속 '흥남철수작

전'에 동원된 그 배. 가장 많은 사람을 구해 기네스북에도 오른 그 배. 메러디스 빅토리호의 이야기를 만나고 항구는 전혀 다른 풍경으로 변했다. 바다는 잊지 않은 듯 가라앉지 못한 시간이 은빛으로 반짝였다.

1950년 12월, 한국전쟁 한복판 흥남 부두. 사방이 막혔다. 피난민 20만, 군인 10만. 피할 길은 바다뿐이다. 현봉학 박사와 포니 대령은 피난민 구출을 요청한다. 미군은 군수 물자를 버리고 사람을 태우기로 한다.

12월 20일, 드디어 메러디스 빅토리호가 부두에 닿았다. 화물칸을 비운 자리에 1만 4000명이 올랐다. 바람은 하나다. 제발, 무사히…. 마침내 12월 25일, 배는 장승포항에 닿는다. 단 한 명의 희생자도 없이. 불가능해 보인 구출 작전을 성공한 배, 죽음의 문턱에서 새로운 삶을 안겨 준 배. 메러디스 빅토리호는 크리스마스의 기적이자 선물이었다.

장승포항에 배가 닿자 피난민이 하나둘 내렸다. 떨리는 몸을 추스르며 겨우 내딛는 부서진 발걸음. 매서운 겨울바람에 어깨는 잔뜩 움츠러들고 짐을 움켜쥔 두 손이 힘없이 흔들렸다. 하얀 입김이 바다와 하늘 사이로 무심히 흩어졌다. 얼굴에는 초점 잃은 눈동자가 흐릿하게 떠 있고, 이미 말라 버린 눈물 자국이 뺨을 타고 굳어 있다. 바다를 건너온 게 아니었다. 한세상을 건너왔다.

겨우 목숨은 건졌지만 앞날이 보이지 않는다. 낯선 땅, 낯선 사람들, 모든 것이 두렵다. 어디로 가야 할지 모르지만 멈출 수 없어 그저 걸었다. 한 발, 한 발 내디딜 때마다 발끝이 아려 왔다. 눈앞으로 어렴풋한 그림자들이 서서히 다가왔다. 알지 못하는 사람들 손엔 주먹밥이 들려 있고, 팔엔 담요가 감겨 있었다.

누군가 손에 주먹밥 한 덩이를 쥐여 줬다. 차가운 손끝에서 온기가 서서히 퍼졌다. 그제야 살았음을 느꼈다. 또 다른 손이 어깨 위로 담요를 감쌌다. 얼어붙은 피가 서서히 깨어나 혈관을 타고 흘렀다. 주먹밥 한 덩이, 담요 한 장이 절망의 끝자락에서 사람을 붙들었다. 그들의 눈빛이 껴안으며 말했다. 살아 있으니 된 거라고. 여기서 다시 시작하면 된다고. 어둡던 눈앞 풍경이 색을 되찾았다. 까맣던 하늘 끝에 새벽이 번지듯.

이곳은 절망의 바다를 건너온 사람들의 마지막 피난처였다. 삶의 터전을 잃고 뿌리째 뽑힌 사람들. 갈 곳 없는 그들에게 이곳은 묵묵히 품을 내주었다. 겨우 닿은 땅, 겨우 내쉰 숨. 사람들은 잠시 안도했지만 그건 끝이 아닌 시작의 다

른 얼굴이었다. 이제부터 살아야 했다. 마음의 잔해를 하나씩 주워 모아 다시 두 발로 서는 일. 기적은 배가 닿은 순간이 아니었다. 부서진 날들을 하나씩 이어 붙이며 살아 있음을 증명해 낸 밤들이었다.

익숙한 시간을 한순간에 잃고, 어제의 삶을 보따리 하나에 구겨 넣고 떠나온 이들. 그들이 겪었을 상실과 막막함이 나와 같진 않을 것이다. 감히 비교할 수도 가늠할 수도 없지만, 익숙한 삶이 단숨에 접히는 순간이 어쩐지 낯설지 않았다. 방향을 잃은 채, 며칠씩 주저앉아 있던 시간. 계획도 이름도 없이 흘러가던 날들. 그 무력한 어둠 속에서 나는 한번쯤 누군가의 절망과 손을 잡은 적이 있었는지도 모르겠다. 닮지 않은 슬픔이 말없이 서로의 등을 맞댔다.

부두 끝에 서서 그들이 걸은 길 위에 발을 얹어 보았다. 바다는 여전히 그 겨울의 얼굴을 하고 있었다. 낯선 시작을 앞둔 그들의 단단한 걸음이 자꾸 떠올랐다. 한없이 흔들리던 마음이 조금씩 고요해졌다. 어쩐지 나도 이곳에서 새롭게 시작할 수 있을 것만 같다.

모두의
어린이날

누구나 가슴에 따라가고 싶은 별 하나쯤은 품고 산다. 권정생 선생이 내게 그런 어른이다. 선생의 글을 읽으면 착해지고 싶다. 세상의 작은 것들에 마음을 쏟고 우리가 무심코 지나치는 존재들에게 이야기를 불어넣어 준 사람. 선생은 아이들을 작은 몸에 무한한 가능성을 담고 있는 커다란 존재로 여겼다. 선생의 작품 속 강아지 똥이 민들레를 피우기 위한 거름인 것처럼.

《몽실언니》,《강아지 똥》,《점득이네》,《한티재 하늘》 등 많은 책을 썼고 많은 상을 받았다. 돈도 꽤 벌었을 테지만 평생 일곱 평 남짓한 시골 흙집에서 살았다. "내 책은 주로 아이들이 사서 읽는 것이니, 인세를 그들에게 돌려주는 것이 마땅하다."라는 그의 유언은 '권정생어린이문화재단' 설립의 기초가 됐다. 재단은 지금도 분쟁 지역과 북한 어린이

를 돕고 있다.

권정생 선생이 그토록 사랑하던 아이들이 세상의 중심이
되는 날이 있다. 바로 어린이날.

어릴 적, 부산 사직구장에서는 매년 어린이날 행사가 열
렸다. 헬리콥터가 웅장한 소리를 내며 등장하자 사람들의
시선이 일제히 하늘로 쏠렸다. 이내 수십 명의 군인이 낙하
산을 타고 차례로 뛰어내렸다. 귀가 찢어질 듯한 환호가 터
져 나왔다. 거대한 무대에서는 화려한 특수 효과와 함께 대
규모 공연이 펼쳐졌다. 다른 세상에 와 있는 것 같았다.

"엄마, 우리 내년에 또 오자."
"우리 딸이 오고 싶다는데, 어떻게든 표 구해 볼게."

표가 있어야만 누릴 수 있는 어린이날이었다. 아이들이
라면 누구나 들어갈 수 있을 줄 알았는데, 누군가에겐 그 문
이 열리지 않는다는 걸, 그때 처음 알았다. 묘하게 마음 한
쪽이 시렸다. 어린 마음은 그 이유를 다 알 순 없었다. 다만
불어오는 바람이 이상하게 차가웠다.

거제에서도 5월 5일엔 지역을 들썩이게 하는 큰 축제가 열린다. 양대 조선소가 지역의 모든 어린이를 초대해 꿈 같은 시간을 선물한다. 이날만큼은 정규직과 비정규직, 조선소 직원과 비직원 간의 벽이 허물어진다. 직업, 소속, 지위의 경계가 서로를 나누지 못하는 날. 그저 모두가 어린이이고 누군가의 엄마, 아빠일 뿐이다.

광장 한가운데선 흥겨운 음악이 울려 퍼지고 거리는 아이들의 웃음소리로 넘실댔다. 작은 종소리처럼 경쾌하고 맑은 소리. 손목에 묶인 풍선들이 바람과 함께 춤을 추며 알록달록 하늘을 수놓았다. 고소한 팝콘 냄새와 달콤한 솜사탕 향기가 코끝에서 코끝을 타고 흘렀다. 체험 부스 앞엔 줄지어 선 아이들의 목소리가 쉴 새 없이 쏟아졌다. 양 볼에 그려진 귀여운 캐릭터들이 웃음소리에 맞춰 꿈틀댔다.

집으로 돌아가는 길, 두 손에 들린 선물 상자는 묵직하고 아이들 발걸음은 가벼웠다. 손에 들린 선물은 모두 같은 모양을 하고 있었다. 특별한 장식도 없는 똑같은 상자들 앞에서 묘한 해방감이 번져 왔다. 표를 사야 하는 경제적 우열도 표를 선점해야 하는 경쟁도 없는 날. 아무도 소외되지 않고 사람들 사이에 드리워진 크고 작은 벽들이 사라진 날. 마음은 새장 문을 열고 하늘을 날았다. 그래서일까, 거제의 수많

은 축제 중 유독 어린이날을 기다리는 건.

어쩌면 내 안에 쌓인 수많은 벽이 이날을 특별하게 만들었는지도 모른다. 직업, 학벌, 성별, 나이, 외모, 소속이라는 벽들로 사람을 나눴다. 학력에 따라 다르게 주어지는 기회, 성별이나 나이에 따라 기대되는 역할. 끊임없는 경쟁과 비교와 평가 속에서 쌓아 온 벽.

때론 나 자신에게도 그런 벽을 쌓았다. 무엇을 할 수 있을지, 어디까지 갈 수 있을지, 어떤 모습이어야 하는지. 벽을 세우고 그 안에 나를 가뒀다. 어떤 벽엔 문이 있었고 어떤 벽엔 문조차 없었다. 무심히 쌓아 올린 벽이 높아질수록 나는 작아졌다. 그 벽을 넘고 싶은 마음으로 이날을 기다려 왔는지도 모르겠다.

잠시나마 벽 밖으로 나를 꺼내어 둘 수 있는 하루였다. 이곳의 어린이날은 아이들만의 것이 아니었다. 이름표도, 신분도, 설명도 필요 없는 날. 누구도 더 크지 않고, 누구도 작지 않았다. 기쁨은 누구의 특권도 아니었다.

아이들의 들뜬 목소리가 비눗방울에 실려 떠다녔다. 가볍고 투명한 것들이 햇빛에 반짝이며 부서지는 풍경 사이를 걸으며 물었다. 어떤 어른이 되고 싶은지, 어떤 세상에서 살고 싶은지. 벽이 사라지는 세상을 상상하는 건 너무 순진한 일이겠지만 아이들이 어른이 되었을 때, 벽보다 먼저 문을 떠올릴 수 있기를 바란다. 닫힌 세계 앞에서 망설이는 누군가에게 괜찮다고, 언제든 문을 열고 들어갈 수 있다고 말해 줄 수 있는 어른이 되고 싶다.

숫자에 발목
잡히지 않고

"눈 딱 감고, 팔자! 어차피 거기로 다시 돌아갈 일은 없을 테니까."

눈을 질끈 감아야만 팔 수 있는 집이었다. 10년은 살 거라 믿어 의심치 않던 곳. 신혼집이자 근처에 초등학교가 세 군데나 있는, 아이 키우기 딱 좋은 집이었다. 앞에 공원도 있고 카페거리까지 갖춰진 입지 좋은 아파트였다. 매일 쓸고 닦아도 피곤치 않았다. 거제로 이사 오면서도 도저히 집을 팔 수가 없었다. 결국, 전세를 주고 나왔다.

세입자는 늘 그 집을 사고 싶다고 했지만 다시 부산으로 갈 거라며 매번 거절했다. 이미 거제 생활에 마음이 기울고 있지만 왠지 인정하고 싶지 않았다. 그걸 인정한다는 건 다시 돌아갈 수 없다는 사실을 마주하는 일이었으니까. 그즈음이었다. 세입자에게서 또 연락이 왔다.

　"거제에 계속 계실 거면, 이 집 우리한테 파세요."

　속마음을 들킨 것 같았다. '진짜 팔아야 하는 건가?' 마음
이 복잡했지만 여전히 그 집을 놓을 수 없었다. 그러던 차에
아빠가 교통사고를 당해 타던 차를 폐차해야 했다. 당시 아
빠는 차 없이는 출퇴근할 수 없는 상황이었다.

　"다온이가 더 크면 큰 차로 바꾸려고 했잖아. 우리 차, 아
　버님 드리는 게 어떻노?"

　봐 둔 새 차라도 있던 걸까, 남편은 기다렸다는 듯 말을
꺼냈다.

　"뭐, 몰래 모아 둔 돈이라도 있나?"

　뼛속까지 경상도 사람인 나는, 아빠 형편을 생각해 준 남
편에게 고마운 마음을 그렇게밖에 표현하지 못했다. 마음
으로는 벌써 벤츠 S클래스로 뽑아 드렸지만 현실은 머리를

쥐어짜며 돈 나올 구멍을 찾아야 했다. 새 차를 살 자금이 만만치 않았다. 역시, 돈 나올 구멍은커녕 두통만 얻었다.

이쯤 되니, 모든 상황이 '이제 그 집 놔줘라!' 하고 신호를 보내는 것 같았다. '계속 끌어안고 있어 봤자, 부산으로 가고 싶은 미련만 남지 뭐.' 스스로를 설득했다. 그렇게 합리화해야 미련을 끊을 수 있었다. 두 눈을 질끈 감았다. '그래, 팔자!'

아뿔싸! 내가 팔면 오른다는 진리는 이번에도 빗나가지 않았다. 집을 팔자마자 부동산 투기 과열 제한 구역이 풀리더니 집값이 쭉쭉 오르기 시작하는 게 아닌가. 설상가상으로, 곧이어 부산 전체의 집값이 폭등했다. 판 아파트는 두 배 넘게 치솟는 바람에 그 집은 다시 갈 수 없는 곳이 돼 버렸다. 심지어 전국에 부동산 열풍이 불어닥치는 동안 거제 집값은 미끄러지기 시작했다.

시댁에 갈 때마다 그 집을 지나야 했다. 곤혹스러웠다. 일부러 고개를 돌렸다. 스스로 선택한 결과인데도 누군가에게 크게 당한 것처럼 기가 막히고 억울했다. '딱 3개월만 더 버텼더라면…' 후회했다. '이렇게 세상 물정 모르는 바보였던가.' 자책했다. '어쩜 이렇게 운도 없냐?' 하늘을 원망했다. 벽을 치고 싶은 심정이었다.

거제를 비롯해 집값이 떨어지는 곳이 있을 텐데, 언론은 온통 부동산 가격이 치솟는 이야기뿐이었다. 편파적인 보도라는 걸 알면서도 나만 대세를 따라가지 못하는 것 같아 초조했다. 여전히 그 집에 매여 있었다. 어느새 집은 보금자리라기보다 투자 대상이라는 의미가 돼 버렸다. 남편과 새로운 시작을 꿈꾸던 추억은 진작에 사라졌다. 머릿속엔 숫자만 둥둥 떠다녔다. '이러다 진짜 평생 내 집 없이 살게 되는 건 아닐까?' 불안감만 커져 갔다. 실수를 만회해야 했다. 뭐라도 해야만 했다.

마침 조선소 경기가 좋아질 거라는 소문이 돌기 시작하면서 거제 집값도 조금씩 오르기 시작했다. 머릿속에서는 계속 숫자가 오르락내리락했다. 더 오를 것만 같고 우물쭈물하다가는 남들이 다 올라탄 기회를 놓칠 것만 같았다. '거제에 집을 사자!' 불안감과 조급함에 떠밀려 결심한 지 3일도 안 돼 집을 계약하고 말았다.

오, 하나님! 집을 사고 넉 달쯤 지나자 거제 집값이 곤두박질치기 시작했다. 일 년쯤 지나서는 전세가보다 매매가가 더 떨어지는 상황이 됐다. '하나님, 왜 이러시는 거에

요?', '제가 뭘 그렇게 잘못했나요?' 보이지 않는 큰 힘이 나를 시험하는 것만 같았다. 통제할 수 없는 현실 앞에서 아무것도 할 수 없었다. 누군가를 원망하지 않고서는 도저히 버틸 수가 없으니 신을 탓할 수밖에.

"이미 지난 일인데 어쩌겠노. 어쩔 수 없는 일에 너무 목매지 마라."
"속 편한 소리 하고 있네. 어떻게 신경을 안 쓰노? 그때 좀 말리지."

원망의 화살이 드디어 남편에게 향했다. 그의 덤덤한 말이 속을 더 부글부글 끓게 했다. 어쩜 이렇게 태연할 수 있을까. 역시 현실감각이 떨어지는 탓이다. 타들어 가는 속도 모르니, 공감 능력도 제로다.

이불을 덮어쓰고 무심한 남편을 탓했다. 그런데 이상하게도 그가 내뱉는 현실감 없는 말이 너무도 현실적으로 다가왔다. 인정하고 싶지 않지만 부정할 수도 없는 말이었다. 아무리 속을 태워도 집값이 오를 리는 없었다. 바꿀 수 없는 일에 집착하며 자신을 괴롭히는 게 무슨 의미가 있을까 싶었다. 결국, 내가 할 수 있는 건 지금 앞에 놓인 일에 집중하는 것뿐이었다. 아버지께 차를 드릴 수 있었고 덕분에 거제 생활에 몰입하게 되었다. 무엇보다 매일 뉴스에 귀 기울이며 집값에 따라 마음이 오르락내리락하는 일도 없어졌다.

물론, 그때의 기억을 떠올리면 아직도 속이 쓰리다. 거제에 억지로 격리된 기분이 들 때도 있다. 하지만 언제까지 지난 일에 매달려 있을 순 없다. 그러다가는 남은 시간까지 놓치게 될 테니까. 숫자 대신 지금의 일상과 앞에 놓인 삶에 집중하기로 했다. 조금씩 그때의 선택을 받아들이며 다시 현재에 마음을 쏟기 시작했다.

생각해 보면 집값이 오르든 내리든, 그 숫자가 삶의 본질을 바꾸진 않았다. 다른 지역의 집값이 치솟아도 실제로 내가 가난해진 건 아니었다. 어쩌면 진정한 부유함이란 소유의 크기가 아니라 소유 안에서 얼마나 많은 기쁨과 만족을 누리느냐에 달렸는지도 모른다. 사람과의 따뜻한 교감, 소소한 일상의 기쁨, 자연을 만끽하는 여유. 거기서 부를 찾는다면 나는 이미 꽤나 풍요롭게 살고 있는 편이다.

조선소 경기가 나빠지면서 남편들은 타지로 떠나고, 집이 팔리지 않아 혼자 거제에 남는 사람이 많다. 속이 타들어가겠지만 미래에 대한 불안 때문에 현재를 놓치지 않기를 바란다. 지금 이 순간, 자신이 가진 것과 누릴 수 있는 것을

바라보기를. 언제든 변할 수 있는 숫자에 삶을 묶어 두지 않기를.

3장

아이와 함께한
날들

어느 날, 남편이
떠나겠다고 했다

12월 31일 저녁. 1년에 딱 한 번인 송구영신예배 3시간 전이었다. 남편은 설거지를 하고 딸아이는 그림을 그렸다. 여느 저녁처럼 익숙하고 편안했다. 침대에 널브러져 있는 내 옆으로 설거지를 끝낸 남편이 슬그머니 다가온다. 고양이 발걸음이라니, 불길하다. 이 남자, 무슨 얘기를 꺼내려는 걸까?

"여보, 내가 오래 고민한 건데, 자기가 반대하면 절대 안 할게."

순하디순한 이 사람이 밑밥을 이토록 깐다는 건, 주님이 내게 묵직한 기도 제목을 주시려는 것이다. 왜 슬픈 예감은 틀린 적이 없는가.

"사실 고등학생 때부터 큰 배 타고 항해하는 게 꿈이었거든. 해사고나 해양대 가고 싶었는데, 부모님이 반대해서 못 갔다."

결혼 전 그의 연애사까지 다 알고 있다고 자부했건만, 처음 듣는 이야기였다. 잠시 멍했다. 그런데 이 비밀스러운 이야기를 지금 와서 왜 꺼내는 걸까?

"더 늦기 전에 한번 도전해 보고 싶다."

신중한 말투와 조심스러운 눈빛에도, 그의 말은 도전적으로 다가왔다.

"뭐, 항해? 해방돼서 평생 혼자 살아 볼래?"

'해방'이라는 끝말잇기 농담으로 어물쩍 넘기려 했다. 피하고 싶었다. 알고 보니, 남편은 꽤 오래전부터 이 길을 준비해 오고 있었다. 기술직이라지만 작업장은 늘 비슷했다. 선박은 거대했지만 삶은 점점 쪼그라들었다. 아이가 자라날수록 점점 빠듯해졌다. 그는 고민했을 것이다. '이대로 괜

찮은 걸까?'

마침내 다시 붙잡은 건 오래전 한쪽에 묻어 둔 꿈이었다. 조선소에 다니는 틈틈이 관련 교육 과정을 살펴보고 현직에 있는 사람들에게 조언을 구하며 방향을 잡아 갔다. 용접과 인명구조요원 자격증도 준비하며 마음 한편에 숨긴 바람을 천천히 현실로 꺼내고 있었다.

나 몰래 퇴사 후 진로를 계획하고 있었다는 사실이 서운했지만 그 마음을 쉽게 다그칠 수는 없었다. '더 늦기 전에'라는 말은 오래 접어 둔 마음의 날개를 조심스레 다시 펼치는 일이었으니까. 김치찌개와 된장찌개 사이에서도 내 눈치를 보던 사람이 자기 뜻을 따라 발을 내디뎠다. 그 모습이 어딘가 미안하고 아팠다. 그만큼 존중하고 싶었다.

하지만 마음은 이해만으로는 잠잠해지지 않았다. 가족은 함께 살아야 유대감이 더 깊어진다고 믿기에 기꺼이 부산 생활을 정리했다. 거제에서 이제 겨우 적응하려는데 뜬금 없이 이직이라니. 결혼도 하고 아이도 있는데, 예전에 접어 뒀던 꿈을 이제 와서 꼭 펼쳐야 할까? 가족과 떨어져 지낼 각오를 할 만큼, 그 꿈이 간절한 걸까? 앞으로도 우리는 서로의 지친 하루를 온기로 감싸 줄 수 있을까? 짧은 순간에 원망, 혼란, 불안, 두려움이 거미줄처럼 뒤엉켰다. 그날 밤,

송구영신예배는 침대 위에서 홀로 드렸다. 무릎까지 꿇고.

머리를 굴려 봤지만 머릿속만 더 복잡해졌다. 믿을 만한 몇몇에게 비밀스레 에스오에스(SOS)를 쳤다.

"남편이 너무 자기만 생각하는 거 아니가? 니는 뭐 어쩌라고?"

"내조의 여왕이 따로 없네. 이걸 왜 고민하노? 당연히 안 되지!"

"남편 보내고 나면 우울증 올지도 모른다. 조심해라."

가시 돋친 말, 무심한 말, 걱정 섞인 말이 돌아왔다. 다행스럽게도 그런 말에 흔들리지는 않았다. 지난 8년간 사랑하는 동반자이자·헌신적인 아빠로서 살아온 그의 모습이 나를 붙들어 주었다.

그가 어찌 자기 꿈만 좇겠다고 피 같은 딸과 살 같은 아내를 두고 망망대해로 떠나고 싶겠는가. '더 늦기 전에 한번 도전해 보고 싶다는 말' 속엔 가장으로서의 무거운 책임감이 담겨 있다. 내 벌이가 더 나았다면 그의 어깨가 조금은 가벼웠을까? 바다를 항해하는 게 오랜 꿈이었다고만 말하는 그가 고맙기도 하고 안쓰럽기도 했다. 며칠 밤을 베개에

얼굴을 묻고 숨죽여 울었다. '꺼이꺼이 꺽꺽….'

　남편 입에서 다시 그 이야기가 튀어나올까 가슴을 조였다. 그의 시선이 내게 닿을 때마다 움찔하며 등을 돌렸다. 피할 수 없는 문제라는 걸 알면서도 피하려 했다. 그렇게 며칠이 지나고 마음을 다잡았다. 폭탄을 품고 평생을 살아갈 순 없으니까. 숨을 깊게 들이마시고 내쉬기를 반복한 뒤, 마침내 입을 뗐다.

　"설마 돈 때문에 그러는 건 아니제? 올해는 베트남 가려고 돈도 좀 모았고…. 기부도 하고 있잖아. 더 욕심낼 필요 없다."
　"돈 때문만은 아니다. 원래 하고 싶던 일이기도 하고. 자기가 혼자 다온이 키우느라 힘들까 봐. 그게 걱정이지."
　"아무리 큰 배라도 바다에서는 장난감 아니가? 태풍 같은 거 만나면 안 휩쓸리나?"
　"요즘은 기술이 좋아서 그런 걱정은 안 해도 된다."

안전상 문제가 없다니 더는 딴지를 걸 말이 없었다.
　사직서를 낸 뒤, 부산 영도에 있는 '한국해양연수원'에 등록했다. 생존 기술, 화재 예방과 진압, 응급처치와 위생 같은 '기초 안전 교육'을 시작으로 '액화가스 기초 교육', '선박 보안 교육'까지 차례로 수강했다. 한 달 넘게 부산을 오가며, 새벽 일찍 집을 나서서 자정 가까이 돼서야 돌아오는 날이 이어졌다. 교육을 끝내고 남편은 수료증과 함께 '선원수첩'이라는 여권 크기의 낯선 수첩을 손에 쥐었다.

이제 남은 건 바다를 향해 배에 오르는 일이었다. 마음에 두고 있던 선사 몇 곳에 이력서를 넣었다. 며칠, 몇 주, 기다림이 흐르던 어느 날 전화가 왔다. 연봉이 더 많은 곳에서도 제안은 있었지만, 남편은 긴 항해보다 승선 기간이 짧은 회사를 택했다. 그 역시, 셋이 함께 나눈 밤의 온기를 쉽게 떠나보낼 수 없었다. 그렇게 남편은 기관수가 되어 LNG선(액화천연가스를 실어 나르는 배)에 올랐다. 선박의 심장이라 불리는 기관실이 그의 새로운 일터가 되었다.

남편 직장을 따라 아무 연고 없는 거제로 이사 온 나는 졸지에 '독박육아 워킹맘'이 되고 말았다. 이곳저곳 체력과 감정을 쪼개 써야 하는 독박육아 워킹맘. 아이가 아프면 버거움이 열 배로 늘고 내가 아프면 설움은 백 배가 된다. 여전히 삶은 고달프고 익숙해지지 않는다.

남편 없는 거제는 더 외딴섬이 됐다. 그가 떠난 뒤, 외로움은 자주, 더 거대한 모습으로 나를 덮쳤다. 나만 자꾸 파도에 휩쓸려 멀어지는 기분. 어디로 흘러갈지 모르는 막막함. 손 내밀어 줄 이 하나 없는 외로움. 어디에도 닿지 못한 배처럼 떠도는 삶. 밥을 먹다가도 길을 걷다가도 자주 멈췄다. 밀어내려 애썼다. 바쁘게 움직이고 억지스럽게 행동하기도 했다. 그럴수록 마음은 더 깊숙이 가라앉았다. 피하려해도 모른 척해도 자꾸만 나를 삼키려 했다. 그제야 알았다. 외로움은 내 안에서 자란다는걸. 애써 밀어낸다고 떨쳐 낼 수 있는 게 아니라는걸. 어차피 마주해야 한다면 피하지 않기로 했다. 기꺼이 그 속에 앉아 함께 머물기로 했다. 그리고 외로움의 얼굴을 찬찬히 들여다보았다. 그 얼굴이 어쩌면 나일지도 모른다고 생각하면서….

이상하게도 덜 외로워졌다. 나와 친구가 되어 가는 기분이랄까. 어떤 관계보다 깊고 단단한 신뢰가 쌓이는 느낌. 꽤 든든하고 만족스럽다.

"다 남편 덕분이야."
"고. 마. 워. 남. 편!"

불편함 속에
머문다는 것

"1998년도에 결혼하고 처음 거제 왔을 때, 버스에 번호가 없더라. 얼마나 놀랐는지 아나?"

"푸하하! 그건 좀 너무 갔다. 그 얘길 누가 믿노?"

"진짜라니까! 처음엔 내가 잘못 본 줄 알았다."

"그러면, 버스는 어떻게 타고 다녔노?"

"사람들한테 물어봤지. 버스가 몇 대 없으니까, 목적지나 정류장 이름만 대면 대충 알더라고. 기사님한테 직접 물어보기도 하고."

"하긴, 그때는 거가대교도 없어서 배 타고 오가던 때네."

나보다 열 살 많은 절친 언니는 가끔 믿기 힘든 거제 얘기를 꺼낸다. 조선업이 성장하기 전만 해도 이곳은 한적한 시골이었다. 1990년대에 접어들어 조선업이 호황을 맞으면서

인구가 순식간에 불어났고, 그제야 인프라도 조금씩 갖춰졌다. 2010년 거가대교가 개통되자 세상이 확 달라졌다. 외부와의 접근성이 좋아지면서 도시의 활력과 에너지가 흐르기 시작했다.

꽤 많이 바뀌었지만 여전히 도시와 비교하면 불편한 점이 많다. 쇼핑이야 온라인으로 대체할 수 있다지만 교통은 이야기가 다르다. 대중교통이 워낙 불편하다 보니 차가 없으면 사실상 이동하기 어렵다. 버스는 배차 간격이 길고 노선도 한정적이라 어딜 가든 시간이 배로 걸린다. 택시 잡는 것도 쉽지 않다. 그러니 차 없이 어딜 가느니 차라리 집에 눌러앉아 있는 편이 낫다. 거제에 오지 않았다면 평생 운전대를 잡을 일은 없었을 것이다.

아이가 어릴 때는 의료 인프라 때문에 불편한 일이 많았다. 지역에 나름 큰 병원들이 있어 일상적인 진료는 문제없지만, 응급 상황이나 큰 수술이 필요할 때면 어김없이 인근 도시로 가야 했다. 딸아이가 태어난 지 100일도 되지 않아 폐렴에 걸렸을 때도 지역 병원에선 치료가 어렵다고 했다. 결국, 3주 넘게 부산으로 병원을 오갔다.

어린이 전문 치과도 거제엔 한 곳밖에 없다. 엄마들은 자연스레 가까운 도시 병원으로 눈을 돌릴 수밖에 없다. 특수

한 치료나 정밀 검사가 필요하면 선택지가 더 줄어든다. 병원 한번 가려면 하루가 걸리니 대형 이벤트처럼 준비해야 한다.

　"내, 드디어 이사 간다!"

　오랜만에 걸려 온 전화. 친구는 다짜고짜 이사 소식부터 전했다. 호들갑스러운 목소리가 한껏 올라갔다.

　"명지(거제와 맞닿은 부산의 한 지역)로 발령 났나?"
　"그래! 통보받자마자 니한테 전화했다. 오늘 저녁에 나온나. 파티하자."

　친구는 아이 교육 문제로 늘 떠날 준비를 하고 있었다. 아이가 초등학교에 들어가기 전, 늦어도 고학년이 되기 전엔 무조건 이곳을 벗어나겠다는 말을 입에 달고 살았다.
　마음 같아선 수도권이나 부산의 핵심 학군으로 가고 싶지만, 현실적으로 남편의 출퇴근을 고려하면 '명지'가 그나마 가능한 선택지다. 이상과 현실 사이에서 타협하는 지점. '수도권도 아니고 부산의 도심도 아닌 명지로 굳이 이사 가

야 할까?' 망설이면서도 많은 사람이 더 나은 교육 환경을 찾아 그곳으로 향한다. 명지에서 거제 조선소까지 출퇴근 버스가 다닐 정도다. 아버지들은 자녀 교육을 위해 매일 왕복 3시간을 기꺼이 버스에서 보낸다.

나 역시 도시에 살아야 더 넓은 세상을 만나고, 다양한 경험을 할 수 있다는 생각에서 완전히 자유롭지 못하다. 선택지가 적은 이곳에서의 삶이 아이에게 과연 최선일지, 혹시 우리 아이만 세상 변화에 뒤처지는 건 아닐지. 불안은 다른 모양으로 자꾸만 찾아왔다. '우물 안 개구리'라는 말이 마음을 계속 건드렸다. 뒤처지지 않는다는 게 뭔지, 뭐가 우물이고 뭐가 바깥인지 헷갈리면서도 말이다.

명문대나 좋은 직장이 꼭 필요한 건 아니라고 믿어 왔다. 아니, 그렇게 믿고 있다고 생각했다. '세상 기준에 휘둘리지 않고 자기 길을 가는 게 더 값지다고.', '진짜 중요한 건 자신이 원하는 삶으로 나아가는 거라고.' 그럴듯하게 포장했지만 숨겨 둔 속마음이 너무 쉽게 드러났다. 명문대 졸업장, 탄탄한 직장, 안정된 수입. 평탄하고 예측 가능한 삶의 틀. 이제는 나조차 확신하지 못하는 낡아 빠진 기준에 여전히 얽매여 있었다.

'우물 안 개구리'가 되지 않게 하려던 내가 오히려 '정답

인생'이라는 우물 안에 갇혀 있었다. 대학, 직장, 결혼으로 이어지는 틀. 뒤처지지 않기를 바란 마음도 결국은 세상 잣대가 만든 막연한 두려움이었다. 안정된 삶이라는 이름 아래 아이의 행복과 안정을 빌미 삼아, 내 불안을 달래고 있었다. 정작 두려운 건 아이가 세상에 뒤처지는 게 아니라 내가 붙잡고 있는 익숙한 기준의 경계를 넘는 일이었다. 결국, 우물 밖으로 나올 준비를 해야 하는 건 나 자신이었다.

남편을 따라서 온 거제. 병원도 멀고 교통도 불편하고 문화생활도 쉽지 않은 곳. 등받이가 비뚤어지고 삐걱거리는 의자에 앉아 있는 듯한 삶. 남편이 떠났으니 곧바로 엉덩이를 털고 일어설 줄 알았다. 그런데 막상 일어설 마음이 쉽게 들지 않는다. 떠나야 하는 이유보다 머물러야 할 이유가 쌓인 걸까?

우물 안에서 하늘을 올려본다. 오래도록. 좁은 틈 사이로 빛이 스며들고 구름이 흘러간다. 해가 기울고 어둠이 내리면 하늘은 더 깊어진다. 작은 하늘 아래 전에 없던 것들을 보고 있다. 느리게 흐르는 시간, 사라졌다 떠오르는 별들. 어쩌면, 나는 하늘을 새롭게 배우는 중일지도 모르겠다. 이 우물 안이 알고 싶어진다. 구석구석, 놓치지 않고.

이기적
모성주의자

남편 도움 없이 일과 육아의 균형을 맞춘다는 건 모순적 삶의 한가운데로 내몰리는 일이다. 아파도 참아야 하고, 지쳐도 버텨야 하고, 포기하고 싶어도 일어서야 했다. 달빛어린이병원(보건복지부에서 지정한 야간·휴일 소아 경증 환자 진료 기관)만 이용할 수 있고 아이가 입원하는 동안 연차를 쓰면서도 출근 직전까지 머릿속엔 일이 맴돌았다. 시간을 쪼개 쓰지만 휴일은 당연히 없다.

인생의 빛과 같은 아이로 인해 행복하면서도 불행했다. 매일 이름 모를 감정이 불쑥불쑥 올라오고 별안간 눈물이 쏟아질 때도 많았다. 짜증이 폭발할 때마다 아이에게 미안해하며 자책했다. 아이에게 모든 걸 주고 싶으면서도 정작 나를 주고 싶지는 않은 모순적 일상이 반복됐다.

일요일 밤, 시곗바늘이 어느새 9시를 넘고 있었다. 업무와 일과가 우선되는 평일을 보상하기 위해 주말 내내 아이에게 완벽한 놀이 파트너가 돼 주었다. 아빠의 빈자리를 느끼지 않게 이리 뛰고 저리 뛰며 할 수 있는 걸 다 했다. 하루치 에너지를 쏟아붓고 간신히 침대에 몸을 눕히던 차였다.

"엄마, 나 배 아파."
"갑자기 왜? 어디가, 어떻게 아픈데?"

걱정이 돼야 하는데 화가 났다. 하필 왜 지금이냐는 말도 안 되는 짜증이 올라왔다. 온종일 힘을 빼 놨으니 아빠를 그리워할 새도 없이 잠이 들 차례인데, 왜 이 시간에 배가 아프냐고.

"엄마가 배 마사지해 줄게."

고작 10분 남짓, 진이 다 빠졌다.

"엄마, 근데…. 배가 계속 아파."

마사지한 노력이 간데없이 아이는 더 아픈 표정으로 나

를 쳐다봤다. 순간, 눈물이 왈칵 쏟아졌다. 책임감이란 이름 아래 꾹꾹 묻어 둔 피로, 이따금 밀려오던 외로움이 한꺼번에 터져 나왔다. 마침내 내 안의 댐이 무너졌다. 멈출 수 없었다. 주체할 수 없이 흐르는 물줄기를 손등으로 연신 닦아 내며 당황한 아이의 눈을 보며 말했다.

“미안해. 병원에 가야 하는데 엄마가 자꾸 눈물이 나네.”
“엄마, 울어도 돼. 아파서 미안해.”

울먹이는 다온이의 가냘픈 목소리가 온몸을 휘감았다. 아파서 미안하다니…. 내 눈앞에, 그런 깨끗한 존재가 있었다. 이토록 순수하게 나를 사랑하면서.
목덜미를 감싸안은 조그만 두 팔의 미세한 떨림이 심장까지 전해졌다. 어떻게 이 작은 가슴으로 내 안에 뒤엉킨 감정의 무게를 알아챘을까. 목뒤로 따뜻한 물방울이 떨어졌다. 다온이의 눈물은 나를 무너뜨리면서도 다시 일으켜 세우는 힘이었다. 단숨에 일어나 자동차 키와 신용 카드를 챙겼다.

“병원 가자. 아픈 건 미안한 게 아니야. 엄마가 미안해.”

다온인 응급실에서 진통 주사를 맞고 나서야 고통이 가라앉았다. 아이들은 장의 일부가 잠시 멈추는 일이 간혹 있다고 한다. 몇 시간 뒤, 다행히 다온이는 까불이로 돌아왔다.

집으로 돌아오는 길. 백미러 너머 뒷좌석에 잠든 아이 얼굴에 자꾸만 눈이 갔다. 창밖으로 스쳐 가는 불빛이 아이의 얼굴을 물들이고 지나갔다. 미안하다고 한 말이 자꾸만 되살아났다. 정말 아이에게 한 말이었을까. 문득 안에서 뭔가가 울컥 올라왔다. 아이의 아픔 앞에서 터진 눈물은 아이가 아니라 내게로 향하고 있었다. 아이의 작고 투명한 온기에 기대어 나에게 털어놓은 고백이었다. 그날 밤, 창밖 하늘의 별들보다 선명하게 내 안의 울음을 바라보았다.

머릿속에서 멈춰 있던 감정이 천천히 되감겼다. 빨랫감 더미 앞에서 한숨 삼키던 날, 장난감 흩어진 방 가운데서 멍하니 주저앉아 있던 순간, 불덩이 같은 아이를 안고 병원 대기실을 서성이던 밤, 잠든 아이 얼굴을 보며 이유 없이 눈물이 차오르던 새벽. 돌봐야 했던 건 아이만이 아니었다. 오랫동안 돌보지 못한 채 구석에 밀어 두던 나. 어둠 속 어딘가 나를 기다리며 울고 있을 또 다른 내가 천천히 고개를 들었다.

그날 일로 내 한계를 인정할 수밖에 없었다. 내 안의 나도 아이처럼 돌봄이 필요하다는 것. 나를 보살피지 않고서는 누구도 돌볼 수 없다는 것. 나 자신의 컵에 물을 채워야만, 누군가에게 따라 줄 여유도 생긴다는 단순한 진리를 알았다.

그 후로 에너지가 고갈되지 않도록 나를 돌보는 시간을 만들었다. 매일 40분씩 책을 읽으며 마음의 평안을 찾았다. 아이는 옆에서 조용히 그림을 그리며 엄마를 가만히 지켜봤다. 어쩌면 그것만으로도 아이는 무언가를 배우고 있는지도 모르겠다.

내 안의 잔을 채운다는 건 단지 에너지를 보충하는 데 그치지 않는다. 나를 세우고 잃어버린 나를 다시 찾는 일이다. 온라인 강의를 들으며 새로운 것을 배우고, 전시회나 공연을 보러 다니며 나와 아이의 시간을 동시에 채워 나갔다. 독서 모임에서 사람들과 소통하며 세상을 넓혀 갔다. 엄마가 아닌 나의 모습을 되짚으며 글을 쓰기 시작했다.

아이가 잠든 밤, 주방에 앉아 차를 끓인다. 찻잔을 감싼 손끝에 온기가 번진다. 오늘 하루, 버려 낸 시간이 고요히 가라앉는다. 내 안의 잔이 천천히 채워진다. 넘치거나 모자라지 않게…. 차가 식어 갈 때쯤, 아이 방으로 들어가 이불을 덮는다. 손끝으로 아이의 볼을 살짝 건드리며 나직이 속삭인다.

　　"오늘도 잘 지냈니? 엄마도 잘 지냈어."

내 작은
보호자

딸아이가 코로나19에 걸린 첫날. 고열에 시달렸지만 병원
에 빈 병실이 없어 집에서 해열제로 버티고 있었다. 코로나
19에 걸리지 않은 사람이 거의 없던 시기. 그럴 수밖에 없다
고 생각했다. 시간이 해결해 주기만 바랐다. 그런데 갑자기
아이가 숨을 헐떡이는 게 아닌가! 눈앞이 깜깜해졌다. 곧바
로 119를 불러 응급실로 달려갔다. 드디어 도착한 지역의 대
표 병원.

"죄송한데, 다른 병원으로 가셔야 할 것 같아요. 자리가
없어요."

"지금 애가 숨 쉬기도 힘들어 하는데, 이대로 어떻게 가라
는 거에요?"

"저희도 방법이 없어서요. 빨리 다른 병원 알아보시는 게

좋을 것 같아요."

"열이 41도나 되는데, 해열 주사라도 맞게 해 주세요. 밖
에서라도 맞을게요."

병상이 없다고 응급 상황인데도 못 받아준다니. 창자가
끊어지는 것 같았다. 의사의 무책임한 태도에 속이 부글
부글 끓었지만 솟구치는 불덩어리를 목구멍으로 다시 밀
어 넣었다. 의사 심기를 건드리지 않아야, 최소한의 치료
라도 받을 수 있을 테니까. 아이의 고통 앞에 부모의 자존
심 따위는 없다. 무릎이라도 꿇을 준비가 돼 있었다. 인내의
대가로 겨우 해열 주사를 맞힐 수 있었다. 무려, 밖에 있는
이.동.식.진.료.소에서.

열이 좀 떨어지는 듯해, 집에 돌아왔지만 이내 아이의 숨
이 가빠지기 시작했다. 터질 듯한 심정으로 운전대를 부여
잡았다. 두 번째로 큰 병원 응급실로 향했다. 돌아온 대답은
가까운 대학병원으로 가라는 말뿐. 대학병원까지는 최소
1시간 30분을 더 달려야 하는 상황. 응급으로 연결해 주겠
다고 했지만 다온이가 버틸 수 있을 거란 보장이 없었다. 어
쩜 이리도 가혹할까. 내게는 전부인 아이지만 그들에게는
그저 피하고 싶은 환자일 뿐이었다. 악을 쓰며 울고 싶지만

숨 가쁘게 싸우고 있는 아이 앞에선 그럴 시간도 없었다.

사정했다. 아니, 애걸했다. 몸이 절로 구부러졌다. 담당 의사도 해결책을 찾아보려고 몇 번이나 왔다 갔다 했지만, 상황은 달라지지 않았다. 엄마라는 이름이 든든한 강철 방패가 될 줄 알았는데 아이의 고통 앞에선 한낱 비닐 막이보다 못했다.

머릿속에선 사이렌 소리가 정신없이 울려 댔다. 모든 힘을 쏟아 흐트러진 정신을 한데 모았다. 때마침 심근염 검사가 가능한 가까운 어린이 병원을 찾았다는 친구의 전화가 왔다. 아이를 둘러업고 병원 문을 박차고 나왔다. 아무도 우리가 나가는 것을 알지 못했다.

다온이 상태를 확인한 의사는 심근염 수치가 높다며 급하게 치료를 시작했다. 차도를 살피며 대학병원으로 옮기자는 제안에 바짝 조이던 숨통에도 신선한 공기가 스며들었다. 병실이 없어 검사실에서 주사를 맞히고 병원 로비 의자에 앉아 밤을 새웠다. 태어나 처음으로 간절하고 끈질기게 하나님을 붙든 긴 밤이었다. 품에 안긴 아이의 숨소리가 조금씩 안정되어 갔다. 더 바랄 게 있을까. 다온이의 고른 숨소리만 들을 수 있다면 길바닥에서라도 얼마든지 버틸 수 있을 것 같았다.

눈앞 상황에 매달릴 수밖에 없는 시간이 지나고 나서야, 고독의 한복판에 서 있음을 알아차렸다. 아이는 아이의 섬에서, 나는 나의 섬에서 울고 있었다. 아이의 고통은 아이 것이고 내 고통은 내 것이었다. 아무리 팔을 뻗어도 닿지 않는 거리. 아무리 울부짖어도 서로의 고통을 덜어 줄 수 없었다. 견뎌야 하는 건, 끝내 나 자신이었다.

"어머니, 한 자리 났어요."

축 늘어진 딸아이를 다인실 침대에 눕혔다. 숨 돌릴 틈도 없이 달려온 시간이 겨우 멈춘 자리. 몸이 아니라 마음이 눕는 데까지 너무 오래 걸렸다. 이제는 내가 울어도 되는 순간이었다. 참았던 눈물이 쏟아졌다. 두려움과 서러움, 미안함과 외로움, 울분과 안도가 뒤섞인 눈물.

"엄마, 울지 마. 나 이제 괜찮아."

딸아이는 모든 걸 다 안다는 듯, 힘없이 늘어트린 두 팔을 들어 나를 끌어안았다. 아이의 품이 이렇게도 넓고 따뜻했던가. 세상에서 가장 든든한 위로가 작은 품에서 전해졌다.

여린 새싹 같은 아이의 품이 엄마의 품처럼 느껴졌다.

위로는 고통을 대신 짊어지는 게 아니다. 같이 아파하고 함께 두려워하며 끝내 서로의 손을 놓지 않는 것, 혼자인 채로 서로의 울음소리에 귀를 기울이는 것. 그렇게 우리는 각자의 고통을 견디면서도 끝내 혼자가 아니라고 작은 품이 알려 주었다.

그날 이후, 일상이 더는 당연하지 않았다. 눈을 뜨면 곁에 누워 있는 작은 몸, 서로의 머리카락을 빗겨 주는 아침, "엄마"라고 부르는 목소리. 모든 게 기적처럼 다가왔다. 삶에 대한 불평도 절반쯤 사라졌다. 새벽 3시 화재경보기 오작동 소리에 잠옷 차림으로 뛰쳐나온 날도, 차에서 연기가 피어나 혼비백산 튀어나온 날도 웃을 수 있었다. 함께라는 것만으로도 세상의 모든 행복이 내게 쏟아졌으니까.

새 둥지 같은 작은 가슴에 바다를 담고 있는 아이. 오늘도 다온이 가슴에 얼굴을 묻으며 하루의 피로를 파도에 흘려보낸다. 아이의 작은 가슴이 오르내릴 때마다 내 안의 파도도 잔잔해진다. 우리는 그렇게, 서로의 둥지에서 밤을 지새운다.

밥에 담긴
마음

오랜 친구가 물었다.

　"니, 요새 왜 먹고 싶은 게 없노?"

　그제야 알았다. 밥은 단지 배를 채우는 게 아니란걸. 엄마가 떠난 그날부터 내겐 반쪽짜리 식욕만 남았다. 배는 고팠지만 입맛이 사라졌다. 딱히 먹고 싶은 게 없었다. 식사는 그저 꼬르륵 소리를 잠재우려 억지로 밀어 넣는 끼니에 불과했다. 엄마 밥. 이젠 어떤 음식으로도 허기를 온전히 채울 수 없을 것 같았다.

　"몸은 좀 괜안나? 반찬 좀 했는데, 지금 출발할라고."
　"아니다. 뭐 하러…. 성도 일하고 피곤할 텐데, 일부러 오

지 마라."

"다온이 챙긴다고 밥이나 제대로 묵었겠나? 지금 간다. 문이나 열어라."

딸아이가 독감에 걸려 낫자마자 몸살이 나고 말았다. 차라리 독감이면 며칠 누워 쉬기라도 할 텐데…, 어중간하게 몸살이라니. 아픈 몸뚱이로 아이를 학교에 보내고 출근해서 하루치 업무를 끝냈다. 아이 저녁밥을 차려 주고 난 뒤에야, 맥없는 팔다리를 침대에 뉘었다. 살갗을 파고드는 이불이 지친 몸을 간신히 감싸 주었다. 뜨겁게 올라오는 설움을 꾹꾹 누르고 있던 차였다.

그는 내가 '성'이라고 부르는 언니다. 거제 토박이는 친한 언니를 그렇게 부른다는 걸 알게 된 뒤부터 그를 꼭 '성'이라 불렀다. 언니에게 느끼는 고마움과 끈끈함을 그렇게라도 에둘러 표현하고 싶었다. 성은 늘 이것저것 챙겨 주고 싶어 했다. 간식거리 같은 자잘한 것부터 샴푸나 화장품 같은 생활용품까지. 반찬이며 과일이며, 어느 날은 김치통까지 들고 왔다. 친정 아빠 다음으로 내 먹거리를 걱정해 주는 사람. 친언니가 있다면 이런 느낌일까.

성은 다행히 마스크를 쓰고 나타났다. 양손에 든 장바구니가 금방이라도 터질 듯 빵빵했다. 조심스레 식탁에 올리자 무게에 놀란 듯 식탁이 '턱!' 소리를 내며 살짝 내려앉았다. 언니는 잠시 숨을 고르며 손목을 툭툭 털었다. 그 동작이 사뭇 진지했다. 싱크대로 가 후다닥 손을 씻더니 이내 하나씩 꺼내기 시작했다. 멸치볶음, 진미채볶음, 양파장아찌, 묵은지…. 작은 그릇들이 줄지어 식탁에 자리를 잡았다.

"우와! 김밥이다!"

딸아이가 소리쳤다. 며칠 만에 듣는 높은 데시벨이다. 언니가 만든 김밥, 딸아이는 그 맛을 알고 있다.

"김밥은 다온이 묵고~, 요거는 엄마가 묵고."

걸쭉한 노란 소스가 담긴 그릇 하나가 식탁에 놓였다.

"이걸…, 언제 했노?"

호박죽, 오랜 시간 천천히 끓인 마음 때문이었을까. 유독 기다려지던 엄마의 손맛이다.

커다란 솥 앞에 서 있는 엄마. 이마 위로 송골송골 맺힌 땀이 방울져 흘러 목에 두른 수건 끝으로 연신 닦아 냈다. 옷에 밴 땀자국을 보며 괜히 먹고 싶다고 했나 싶었다. 내 속을 아는지 모르는지, 엄마는 묵묵히 죽을 휘저었다. 자식에게 먹이겠다는 무던하고 익숙한 고집이 주걱 끝에 매달려 솥 안을 돌았다. 손끝을 따라 걸쭉한 황금색 액체가 부드럽게 일렁였다. 솥에서 피어오른 김이 엄마 얼굴을 감싸며 안개처럼 흩어졌다. 온 집안엔 달큰한 냄새가 퍼지고 노랗게 익어 가는 호박죽에서 엄마 미소가 번졌다.

"얼른 한 숟갈 해라. 먹는 거만 보고 갈끼다."
"그래도 숨 좀 돌리고 가라. 민트 티, 괜찮제?"

김밥, 호박죽, 민트 티. 어딘가 엉뚱하고 엉성한 식탁에서 셋은 서로의 마음을 채웠다.
혀 위에 앉은 호박죽이 입안 구석구석을 채웠다. 양 볼의 둘레를 따라 입천장과 잇몸 사이사이를 부드럽게 쓸고 지나갔다. 벨벳 같은 호박 결 사이로 작은 쌀 알갱이들이 굴러다녔다. 어떤 음식은 위장이 아니라 마음을 채우기도 한다. 한 숟갈, 또 한 숟갈. 호박죽을 넘기며 식은 마음에 온기가 번졌다. 내려가는 목구멍 주위가 뜨끈해지면서 굳어 있던 설움도 녹았다. 몸은 기억하고 있었다. 잊고 지낸 마음을, 감춰 둔 허기를. 아무것도 삼키지 못할 것 같았는데 저항 없이 술술 넘어갔다. 오랜만에 만난, 속까지 채워 주는 밥이었다.

밥은 말 없이 마음을 안았다. 오래된 기억을 조용히 불러내며 말로는 닿지 않는 마음을 한 숟갈씩 건넸다. 밥은 애쓰기보다 잊지 않는 마음으로 서로를 보듬는 돌봄이다. 손을 잡지 않아도 혼자가 아니라는 걸 알게 해 주는, 무심한 듯 서로를 잇는 손길이다. 밥심으로 산다는 말은 괜한 말이 아니다. 어쩌면 하나님이 서로 기대어 살라고 밥 없이는 우리를 살 수 없게 만들었는지도 모른다. 나도 누군가의 속을 데우는 사람이 되고 싶어졌다. 너무 뜨겁지도 차갑지도 않게 사라지지 않는 온기로.

딸아이와 단둘이 있는 게 안쓰러워서일까, 밥에 얽힌 추억이 많다. 못 먹고 사는 것도 아닌데 친한 지인들이 늘 내 끼니를 챙겼다. 약속이라도 한 듯 돌아가며 반찬을 챙겨 왔다. 독감이나 코로나19에 걸리면 현관 앞엔 죽과 반찬이 쌓였다. 생일이면 미역국을 끓여 오거나 배달 음식이 도착했다.

어릴 적, 엄마가 먹을 복이 많다고 했는데, 그 복이 여기
서 터지나 보다. 그 밥 덕분에 거제가 남의 땅 같지 않다.

"저녁에 묵으라고 챙겨 왔다. 얼마 안 된다."

나이 지긋한 수학 선생님이 호박죽을 챙겨 준다. 벌써 몇
번째인지 모른다. 여기선 이래저래 자꾸 엄마 생각이 난다.

비가 내려도
뛰지 않아도 돼

"엄마, 해 자는 거 보러 갈래?"

주말 내내 몸 상태가 엉망이라 침대에만 붙어 있었다. 기운이 조금 도는 걸 눈치챘는지 딸아이는 기다렸다는 듯 눈을 반짝였다. 향한 곳은 '옥산성 금성대'.

'수정봉' 정상의 금성대에 올라서면 거제면 전체가 손바닥 위에 놓인 듯 한눈에 들어온다. 그곳에서 산 능선 너머로 해가 천천히 내려앉을 때까지 오래 머물다 오곤 했다. 하루의 끝, 가장 화려한 빛이 세상을 감싸는 시간. 그곳에선 소란스럽던 마음도 붉은빛에 녹아 조용히 가라앉았다.

삼분의 이쯤 갔을까? 서서히 구름이 하늘을 덮기 시작하더니 이내 어둠이 밀려왔다.

"해 자는 건 보기 힘들겠는데, 그냥 돌아갈까?"

"엄마, 온 김에 끝까지 가 보자."

'공부할 때도 저랬으면…' 속으로 한숨을 삼키며 금성대에 올랐다. 구름 사이로 해가 잠깐씩 얼굴을 내밀었다. 놓치지 않으려 두 눈을 부릅떴지만, 해는 우리 기대를 비웃기라도 하듯 순식간에 구름 뒤로 숨어 버렸다.

"후두둑!" 불길한 예감은 틀리지 않았다. "후두둑! 툭툭! 타다닥!" 갑자기 굵은 빗방울이 떨어지기 시작했다. 금성대에서 잠깐 피할 수 있는 가벼운 비가 아닌 듯했다. 딸아이와 쫄딱 젖을 생각을 하니 벌써부터 서글펐다.

"다온아, 엄마 손 꼭 잡고 천천히 뛰는 거다!"

아이의 손을 단단히 붙잡고 차가 있는 곳을 향해 내달렸다. 빗방울이 이마를 때리고 젖은 머리카락이 얼굴에 들러붙었다. 차가운 물기가 옷 속으로 스며들고 서늘한 물기가 피부를 타고 흘렀다. 젖는 건 몸만이 아니었다.

열아홉. 비에도 무게가 있다는 걸 알게 된 나이였다. 엄마가 떠난 뒤, 아무도 우산을 들고 기다려 주지 않았다. 비를 피하는 건 온전히 내 몫이 되었다. 거칠게 쏟아지는 빗줄기를 감당하지 못한 채 달렸다. 역시나, 발이 미끄러지며 손과 무릎이 쓸렸다. 아프지 않았다. 우산 없이 비를 맞고 있는 처지가 더 아팠으니까. 엄마가 그리웠을까, 초라하게 비를 맞고 있는 현실이 서글펐던 걸까. 버려진 새끼 고양이가 된 것 같았다. 원망할 대상도 없는데 원망스러웠다. 이유 없이 심술이 났다. 어딘가에 화를 쏟아 내고 싶은 마음에 2000원짜리 편의점 우산조차 사지 않았다. 빗물인지 눈물인지 모를 뭔가를 손끝으로 훔치며 차가운 비를 온몸으로 받아 냈다.

손가락이 피아노 건반을 기억하듯 몸은 그날의 비를 기억했다. 살갗에 닿는 물방울마다 엄마의 부재가 아프게 새겨져 있다. 뼛속까지 스며드는 차가움. 비는 떨어지는 게 아니라 내 안에 박히는 것 같았다. 핸드폰 메인 화면엔 늘 날씨 앱이 켜 있고 서랍과 현관 구석엔 우산이 쌓여 갔다. 어느 것도 마음을 지켜 주지 못하지만 어설픈 방어막이라도 있어야 했다.

"엄마, 우리 같이 비 맞는 건 처음이네!"

다온이의 한마디가 빗소리를 뚫고 들어왔다. 아이가 눈부시게 웃었다. 옷이 젖는 것도 머리가 헝클어지는 것도 아이에겐 한바탕 신나는 놀이일 뿐이다. 물웅덩이를 밟을 때마다 튀어 오르는 물방울처럼 맑고 투명한 웃음소리가 마음 깊은 곳까지 퍼졌다. 그 웃음이 오래 잠겨 있던 마음속 상자를 불쑥 열어젖혔다. 갑자기 열리는 바람에 마음 깊은 곳에 가라앉아 있던 감정의 먼지가 후드득 흩어졌다. 무겁다고 여겨왔던 마음도, 알고 보니 바람 한 줄에 날아갈 만큼 가벼웠다. 어쩌면 마음의 무거움은, 내가 스스로 짊어진 것이었는지도 모른다.

빗속에서 엄마 손을 꼭 잡은 아이 눈엔 외로움도 두려움도 없었다. 입을 활짝 벌리고 혀를 내밀어 빗방울을 받아먹었다. 작은 손바닥은 공기 중에 흩어진 빗방울을 움켜쥐려는 듯 허공을 휘저었다. 흩어진 물방울들이 뺨 위로 톡톡 튀어 오르고 눈동자엔 물빛이 어렸다. 고인 물처럼 투명한 눈빛엔 혼자가 아니라는 믿음이 있었다. 그 단단한 믿음이 오랜 시간 내 안을 떠돌던 낡은 외로움을 천천히 감싸 주었다.

딸아이 얼굴에서 어린 나를 마주했다. 빗소리가 엄마 오는 소리로 들리던 시절, 양말이 젖는 줄도 모르고 엄마를 기다리던 나. 그때 아이가 지금 앞에서 웃고 있다. 엄마가 오지 않을 걸 알면서도, 왜 그렇게 오래 기다렸을까? 그 물음에 아무 대답도 하지 못했다. 다만, 딸아이의 손을 꽉 잡을 뿐이다. 작고 따뜻한 온기가 딸아이의 손을 통해 젖은 기억을 말려 주었다. 아직도 축축한 신발을 신은 채 서 있는 어린 나를 안아 주었다. 빗속에서 애타게 엄마 발소리를 기다리던 아이는 이제 엄마가 되었다. 그리고 그 엄마가 마침내, 어린 나를 품었다.

비는 하늘이 아니라 내 안에 쏟아지고 있었다. 두려운 건 비가 아니라 혼자 남겨지는 것, 누구도 나를 기다리지 않는다는 사실이었다. 우산을 쌓아 두던 건 비가 싫어서가 아니라 젖은 마음을 들키고 싶지 않아서였다. 필요하던 건 비를 막아 줄 천 조각이 아니라 함께 맞아 줄 누군가였다.

딸아이 손을 잡고 빗속을 달리는 동안 내 안에 내리던 오랜 비가 그쳤다. 그 작은 손이 세상 어느 것보다 크고 단단한 지붕이었다. 몸은 젖어 갔지만 가슴은 차갑지 않았다. 이젠 걸어도 될 것 같다.

선을 넘는
다정함

38선, 국경선, 출발선. '선'이라는 말엔 분리, 경계, 약속이라는 의미가 담겨 있다. 짝과 넓은 책상을 나눠 쓰던 초등학교 시절, 다툼이 생기면 어김없이 "여기까진 내 자리다!"라며 연필로 선을 그었다. 선을 넘으면 지우개 하나. 화해하면 지우고 싸우면 다시 그었다. 그때부터 본능적으로 알고 있었는지 모른다. 서로의 감정과 거리를 조율하려면 '선'이 필요하다는걸.

인간관계에서 '선'은 타인에게 휘둘리지 않도록 나를 지키는 보호막이다. 사회적 질서를 위한 무언의 약속이자 신뢰와 존중의 표현이기도 하다. 모든 관계가 깊고 친밀할 필요는 없으니, 선을 그으며 감정의 피로를 덜어 내기도 하고 관계의 깊이와 질을 조율하기도 한다. 부모와 자식 간에도 선은 있다. 특히 직장 동료와는 선이 필수다. 이 규칙을 꽤 잘 지켜왔다. 쌀쌀맞지 않으면서도 센스 있게.

지역 대학교에 처음 출근한 날. 낯선 얼굴들이 다가왔다. 어디에 사느냐, 결혼은 했느냐, 아이는 몇이냐. 그들에겐 인사처럼 가벼운 말이었지만, 내게는 경계 너머로 성급히 들어오는 발걸음이었다. 불편하다는 말 대신 단어를 아꼈다. 짧게 끊은 대답이 내 선이었다. 거기까지라면 좋았을걸. 질문이 멈추지 않았다. 신랑은 무슨 일을 하는지, 부모님은 어디에 계신지, 둘째는 언제쯤 가질 건지. 자꾸만 경계를 침범당했다. 노골적으로 내 울타리를 드러내야 했다. 눈빛을 비운 채 표정 없는 얼굴로 뭉툭하게 대답을 던졌다. 그제야 선을 넘지 않았다. 역시 적당히 살가운 게 편했다.

"어머님, 코로나에 확진된 친구가 있어서요. 급하게 아이들 돌려보내고 있어요."

"네?! 지금요? 혹시 몇 시까지 원에 있을 수 있나요?"

"바로 와 주셔야 할 것 같아요."

등줄기에 서늘한 땀이 반짝 돋았다. 누군가 확진됐다는 소식만 들려도 동네가 발칵 뒤집히던 때였다. 확진자와 같은 공간에 있던 아이를, 아이 친구 엄마에게 맡길 수도 없는

노릇이었다. 곧 시작될 회의는 어떡할지, 급하게 처리해야 할 일은 뭐가 있는지, 복무 결재가 언제쯤 날지, 머릿속에선 온갖 경우의 수가 부딪혔다. '에라 모르겠다! 될 대로 되라지.' 아이의 안전 앞에서 더는 망설일 수 없었다. 굳게 닫힌 문을 "똑똑" 두 번 두드렸다.

"딸아이 어린이집에서 확진자가 나왔다고 해서…요. 당장 데려가야 한다는데…. 맡길 사람이 없어서…요."

두둑하던 배짱은 어디 가고 말이 목구멍에서 자꾸 얼어붙었다.

"지금 가서 데꼬 온나."

말이 쉽게 툭 떨어졌다. '지금? 여기에? 아이를?' 잘못 들은 줄 알았다. 내 경험으론 가능하지 않은 일이니까.

웬걸. 그 말도 안 되는 일이 몇 번이고 반복되었다. 쉼 없이 이어지는 돌봄, 낮게 깔린 낯섦. 이방인처럼 몸을 세워 버리던 시간. 굳이 말하지 않아도 되던 것들이 자연스레 드러났다. 동료들은 틈틈이 딸아이와 시간을 보내 주었다. 아이는 하루아침에 생긴 이모들과 그림을 그리고 종이접기를 하고 교정을 걸었다. 불편해야 마땅한 공간을 놀이터나 키즈 카페에 온 것처럼 즐거워했다. 어쩌면 그때부터일지도 모른다. 내가 조금씩 거제에 기대기 시작한 게.

"별것 아니다. 오늘 저녁 다온이 반찬 하라고."
"주말에 아버지 생신이라 했제? 음식 조금 해다 줄게. 니가 했다고 해라."

선은 나 혼자만 지킬 수 있는 게 아니었다. 수시로 경계를 넘는 그들은 내가 미처 닫지 못한 틈으로 들어왔다. 그리고 말없이 우산 한쪽을 내주었다. 젖은 마음 위로 우산 하나가 드리워졌다. 그늘지고 눅눅하던 마음이 천천히 말라 갔다.

이곳에선 선의 경계가 자꾸 흐릿해졌다. 어디까지가 호의이고 어디부터가 부담인지 구분하기 어려운 날이 많았다. 마트에 들르면 누군가의 장바구니까지 함께 챙기게 되고, 공동 현관 비밀번호를 나누는 일도 특별하지 않게 됐다. 연휴 동안 비어 있는 집 앞 택배 상자는 말없이 현관 안으로 들어가 있고, 맛있는 음식을 마주하면 떠오르는 얼굴이 하나둘 늘었다. 우편함에 담긴 반찬통만 봐도 누구의 손길인

지 금방 알 수 있었다.

관계란, 머뭇거리며 맞닿은 그림자처럼 조용히 마음을 내려 두는 일인지도 모르겠다. 외로운 날들, 말없이 다가와 곁에 머문 그림자 덕분에 하루하루를 무사히 통과할 수 있었다. 때로 약간의 불편을 감수하며 선을 넘어야 비로소 가까워질 수 있다는 걸 배웠다. 누군가의 경계 바깥에 조용히 닿는 일이 조금은 두렵지 않게 됐다.

혼자이던 내 울타리 아래로 어느덧 희미한 실루엣이 하나둘 들어와 있다. 그래서일까. 거제가 돌아올 곳처럼 느껴지는 건.

4장

거제와
어울리다

파도처럼
다가온 것들

"회의 끝나고 망고랑 스타 산책시키러 갈 건데, 같이 갈래?"
"네! 이모, 저 갈래요!"

질문이 내게 닿기도 전에 딸아이가 재빠르게 낚아챘다.

교회 체육대회에 갔다가 환경 축제 준비 회의까지. 아침부터 쉴 틈이 없었다. 회의만 끝나면 집에 가서 드러누울 참이었는데…. 이게 무슨 날벼락인가. 강아지를 키우고 싶다는 딸아이의 끈질긴 설득을 잠재운 게 불과 며칠 전이다. 어쩌다 한 번 있는 남의 집 강아지를 데리고 산책할 기회까지 뺏는 무정한 엄마가 되고 싶진 않았다. 몇 번 숨을 깊게 들이쉬고 내쉬었다. 일단 근처 바닷가로 몸을 옮겼다. 몸이 가고 나서야 한발 느린 정신이 따라왔다.

도착하자마자 딸아이는 리드 줄을 쥐고 해변을 뛰어다녔

다. 작은 발자국들이 모래 위에 어지럽게 찍혔다. 바람에 흩날리는 머리카락 사이로 해맑은 웃음소리가 퍼졌다. 그 소리가 멀어지는 걸 느끼며 천천히 해변을 걸었다. 발끝으로 밀어낸 보드라운 모래가 발바닥에 감겼다. 피로가 조금씩 풀렸다. 시원하게 트인 바다, 그 너른 공간 앞에서 나는 한없이 작아졌다. 이상하게 편안하고 포근했다.

걷고 또 걸었다. 마음으로 서너 편의 시를 썼다. 그때 눈앞에 뭔가가 걸렸다. 햇빛에 번뜩이는 반쯤 묻힌 맥주병. 발걸음이 끈적거리기 시작했다. 몇 발짝 못 가, 모래 위로 플라스틱 뚜껑이 얼굴을 내밀었다. 걸음이 자꾸 꼬였다. 찌그러진 음료수 캔, 바람에 묻힌 과자 봉지, 찢어진 고무장갑이 그물에 걸린 물고기처럼 줄줄이 나왔다. '못 본 거다.' 최면을 걸며 다시 걸었다. 열 걸음쯤 내디뎠을까, 비닐봉지 하나가 모래 위로 삐죽이 고개를 쳐들었다. 나 좀 써 달라고 기다리고 있는 듯이.

손가락 끝으로 봉지를 살짝 당겼다. 모래가 후두두 쏟아지며 작은 파도 소리를 냈다. 모래를 털어 내고 입구를 넓게 벌렸다. 드디어 쓰레기 줍기에 돌입. 강아지와 산책하던 딸아이가 이따금 다가와 '툭' 하고 쓰레기를 던져 넣었다. 함께 온 동생과 그의 아들도 허리를 부지런히 굽히고 있는 모

습이 멀리 보였다. 누가 먼저랄 것도 없이 말없이 척척. 보이지 않는 대화를 나누며 봉투를 조금씩 채웠다.

얼마 지나지 않아 봉투가 묵직하게 부풀었다. 더는 들어가지 않았다. 쓰레기를 담은 비닐봉투를 차에 실었다.

"엄마, 봉지가 작아서 다행이다. 그치?"

이럴 때만 이심전심이다. 마주 보는 얼굴에 웃음이 배시시 흘러나왔다.

바다 쓰레기를 줍게 될 줄은 몰랐다. 언제부터였을까. 콧속을 찌르는 물비린내에 마음이 촉촉해진 게. 하얀 물보라가 푸르게 가라앉는 모습을 가만히 바라보게 된 게. 수면 위, 반짝이는 빛 조각으로 마음을 밝힌 게. 해 질 녘, 노을을 이불 삼아 마음을 풀어놓은 게. 기억나지 않았다. 다만, 그렇게 되어 있었다.

거제는 어디를 가든 바다가 곁에 있다. 자주 보다 보면 가까워진다는 말은 사람 사이에만 적용되는 게 아니었다. 물빛은 하늘의 표정을 따라 달라지고 바람은 계절마다 냄새가 달랐다. 파도 소리도 그날의 기분처럼 변했다. 바다는 매일 다른 얼굴로 다가와 말없이 곁에 머물렀다. 북적이지도 않고, 분주하지도 않고, 눈에 띄지 않아도 괜찮다는 듯 담담하게 자리를 지켰다. 내가 다가가든 멀어지든, 아무 일도 없다는 듯 무심한 여유로움으로. 다정하지도 차갑지도 않았다. 내게 오지도 등을 돌리지도 않았다. 그 무표정한 바다가 오히려 숨 쉴 틈을 주었다. 거기에서 나는 비로소 나였다.

　굳이 설명하지 않아도 되는 자리에서 말이 흘러나왔다. 내 이야기를 살며시 풀어놓았다. 바다는 누구보다 넓은 품으로 이야기에 귀 기울여 주었다. 파도는 부지런히 내 말을 실어 날랐다. 시시콜콜한 일상, 쓸모없는 말, 잊히는 감정…. 그래도 어디로든 흘려야 했던 것들. 나만 그런 건 아닐 것이다. 모두의 이야기가 바다로 흘렀고, 바다는 파도를 일으켰다가 가라앉히기를 반복하며 출렁였다. 그건 어쩌면 아무 일도 일어나지 않을 것처럼 보이는 위로였다.

　바다가 건넨 위로에 익숙해질 즈음, 남편의 삶이 바다 위에 얹혔다. 바다는 그의 일터이고 쉼터이며 잠자리였다. 파도가 셀 수 없이 밀려왔다 밀려간 뒤에야, 남편은 바람을 등에 업고 집으로 돌아왔다. '오늘도 무사히 부탁해.' 그를 향한 기도가 그곳에 차곡차곡 쌓였다. 바다는 대답하듯 내 발끝으로 파도를 살며시 밀어 준다. 그의 배가 물살을 가르며

남긴 흔적을 이곳까지 실어 온다. 남편의 무사함을 약속하듯이.

　부산, 거제. 언제부터일까. 바다가 내 곁에 있는 게 아니라 내가 바다 곁에 머물게 된 건. 당연해서 금세 잊고, 익숙해서 쉽게 바래는 걸까. 숨 쉬듯이 지나치던 풍경. 이제야 그 숨결을 느낀다. 잃어버린 시간만큼 더 아껴 보겠다고 다짐하며.

익숙해지지 않는
이별

모든 관계는 결국 이별을 향해 간다지만, 거제는 유난히 이별이 잦다. 조선소 호황기에는 많은 사람이 모여들지만, 불황이 닥치면 다른 기회를 찾아 떠난다. 북적이던 출퇴근 인파도 경기에 따라 금세 한산해진다. 사람들이 떠난 자리가 자꾸 말을 걸고 남겨진 사람들은 한동안 그 자리를 떠나지 못한다.

그런 연유로 어느 정도 이별을 예상하고 관계를 시작한다. 나를 보호할 수 있을 정도의 적당한 거리를 유지하려 애썼다. 하지만 그게 뜻대로 되는 일이던가. 비슷한 처지에 놓인 사람들이 모인 이곳에선 마음을 지키기가 더 어렵다. 결국, 서로의 온기에 기대고 그 사이 마음의 거리도 점점 가까워진다.

"영아야, 오빠 발령 났어. 경기도래."

"진짜? 잘됐다! 언제쯤 가?"

"다음 달에 갈 것 같아."

"그렇게나 빨리?"

　예정된 이별이지만 '다음 달'이라는 말에 벌써부터 마음이 휑했다. 이곳에서 만난 동갑내기 친구. 나영이는 남편의 일 특성상 몇 년 주기로 지역을 옮겨야 했다. 더 일찍 만났더라면 좋았겠지만 이제라도 만난 것에 감사한 마음이 드는 친구였다.

　비슷한 가치관과 성향 때문에 공감할 수 있는 부분이 많았다. 사소한 고민에서 중요한 선택에 이르기까지 생각의 방향이 잘 맞았다. 실수하는 유형까지 닮은 건 행운에 가까웠다. 주차한 차를 못 찾아 한참을 헤매거나 기차 시간을 엉뚱하게 예매하고, 계산만 하고 쇼핑한 물건을 두고 나와 버리기도 하는. 자책하다가도 나영이 앞에선 그런 허술함조차 온전히 이해받을 수 있었다. 서로의 허술함이 민망하지 않은 사이, 그건 친밀함의 가장 단단한 모양이었다. 우리는 끝을 알기에 덜 조심하고 진심을 꺼내는 데 망설이지 않았다. 그렇게 '절친'이 됐다.

마침내 친구가 떠나는 순간, 눈물은 없었다. 감정을 아껴 두지 않아서일까. 여러 번 이때를 그려 왔기 때문일까. 생각보다 마음은 평온했다. 무너지지도 요동치지도 않았다. 어쩌면 더 많이 나눴기에 헤어짐이 더 가벼워졌는지도 모른다. 남은 마음은 자꾸 뒤를 돌아보게 하지만 건넨 마음은 앞을 보게 했다. 그렇다고 감정이 흐릿해졌다는 게 꼭 괜찮다는 뜻은 아니었다. 그건 마음이 숨기고 싶어 하는 서툰 이별의 다른 얼굴이다. 침묵은 마음이 무뎌진 게 아니라 덜 아프려고 택한 방법인 셈이다.

며칠이 지났다. 가까이 있을 땐 흐릿했던 것들이 멀어진 뒤에야 선명하게 떠올랐다. 함께 마시던 커피 한잔은 가장 진한 향으로 남았고, 허기를 달래던 소박한 식탁은 정성스러운 만찬이었다. 같이 듣던 노래는 어느새 나만의 플레이리스트가 되었다. 어쩌면 이별은 누군가를 떠나보내는 일이 아니라 그때의 나를 다시 만나게 되는 일인지도 모르겠다.

"아무래도 남편 있는 데로 가야 될 것 같다."
"경기 좀 나아지면, 형부 다시 오는 거 아니었나?"
"지금 있는 데가, 돈도 더 많이 주고, 일도 덜 힘들다더라."
"여기서 15년 넘게 일했잖아. 부모님도 계시고."

"연봉 사천도 못 받았는데, 지금 있는 데는 두 배다."

"그럼…, 가야지."

　15년간 한자리를 지켰다. 몸이 기억하는 기술과 경험이 쌓였다. 그 대가가 연봉 사천이라니. 붙잡을 수 없었다. 경기가 좋을 때는 야근과 주말 근무로 그나마 생활을 유지하지만 경기가 나빠지면 생계가 버거워진다. 거제에서 처음으로 마음을 터놓은 언니도, 그렇게 떠났다.

　떠난 자리는 외국인 노동자가 메웠다. 남아 있는 사람들은 떠나야 할지 버려야 할지, 하루에도 몇 번씩 마음이 기운다. 터전을 떠나기엔 현실적인 문제와 감정적인 미련이 남는다. 계속 버티는 게 맞는지 막막하다. 떠난다고 해서 나아질 거란 보장도 없다. 오늘의 희망에 기대어 겨우 살고 있지만 언제까지 버틸 수 있을지 불안하다. 떠나는 이들이 부럽기도 하고 그동안 흘린 땀과 지나온 세월을 생각하니, 마음 밑기둥이 서글프게 내려앉는다.

　배우자의 직장 문제, 더 나은 일자리, 자녀 교육, 이곳 생활이 맞지 않아서…. 떠나는 사람들은 저마다의 사연을 안고 새로운 곳으로 향하지만, 남겨진 사람들의 마음은 한동안 어디로도 향하지 못한다. 한 주 스케줄을 공유하고 그날 저녁 반찬이 뭔지도 알며 기분에 따라 마시는 커피까지 꿰고 있는 사람들과의 이별. 마음은 휘청거릴 수밖에 없다. 영화나 드라마의 이별 장면에서 남겨진 사람의 얼굴을 클로즈업하는 이유를, 이제는 안다.

이별이 삶의 일부라는 건 일찍이 알았지만 안다고 해서 쉬워지는 건 아니다. 반복된다고 해서 익숙해지는 것도 아니다. 이별은 무뎌지지 않는다. 그저 감정을 접는 방법을 배워 갈 뿐이다. 단단히 껴안기보다는 한 걸음 물러서서 그 감정과 함께 살아가는 법을 터득하는 것. 함께 걷되 끌려가지 않고 멀어지되 외면하지 않는 거리. 그 사이 어딘가에서 이별을 마주한다. 조금씩 다른 얼굴로 찾아오는 이별을 어쩌면 평생 배우며 살아가야 할지도 모른다.

"망고 보냈어. 제주에서 망고 보자마자 다온이 얼굴이 딱!"

"일본 갔다가 이 빵 때문에, 눌러살 뻔! 꼭 먹어 봐. 저녁쯤 도착할 거야."

"시댁 언제 가? 우리 부산 가니까 일정 맞추자."

서로의 흔적을 되새기는 일. 이별이 영원한 단절은 아니다.

편견에 고하는
이별 선언

남편이 왔다. 그가 있는 꽉 찬 저녁이 좋으면서도 이때다 싶었다. 책 한 권을 들고 집 앞 커피숍으로 향했다.

작은 테이블 세 개, 2미터 남짓한 바 하나, 커피에 진심인 젊은 사장이 운영하는 조용한 공간. 구석 자리에 앉아 에스프레소와 와플을 주문하고 책을 펼친다. 입안에 퍼지는 쌉쌀함에 벌써 기분은 반쯤 유럽이다.

조선소 회색 작업복을 입은 남자 둘이 들어섰다. 바닷바람에 섞인 철 냄새가 따라 들어왔다. 남자 둘이 커피숍이라니, 거제에선 좀처럼 보기 드문 장면이다. 한 명은 키가 180센티미터쯤, 다른 한 명은 조금 더 컸다. 구릿빛 얼굴에 바람에 헝클어진 머리카락이 제멋대로 뻗쳐 있다. 익숙한 듯 바에 앉아 사장과 가볍게 인사한다. 책 읽는 척했지만, 몸은 이미 그들 쪽으로 기울고 있었다.

"오늘 원두는 뭔교?"

"에티오피아 예가체프예요."

"그라믄, 에스프레소 두 잔 주이소. 아, 온도는 좀 낮춰서 해 주이소."

의외다. 거친 말투에 엷은 섬세함이 묻어난다. '어쩐지 오늘따라 에스프레소가 당기더라니.' 괜히 한 모금, 더 진지하게 음미했다. 나중에 알게 됐지만 예가체프는 너무 뜨거우면 섬세한 향이 날아간다고 한다.

막걸리와 파전이 더 어울릴 법한 시커멓고 큰 덩치의 두 남자. 두꺼운 손에 들린 작고 하얀 에스프레소 잔이 거인들의 장난감 같다. 굵은 손가락이 간신히 손잡이에 끼워져 있는 모습에 입꼬리가 찔끔 말려 올라간다. 두 사람 사이엔 눈빛 교환도 대화도 없다. 망설임 없이 탄산수 한 모금, 에스프레소 한 모금을 번갈아 마실 뿐. 잔이 바닥을 보이자 아무렇지 않게 다음 주문이 이어진다. 에스프레소 두 잔.

"잘 마셨습니더. 또 보입시더."

둘은 20분 만에 에스프레소 석 잔을 물 마시듯 비우고 일

어났다. 그들이 빠져나간 커피숍 문에서 작은 종이 가냘프게 흔들렸다. 맑은 울림의 여운이 카페 안에 잔잔히 맴돌았다. 멍하니 종소리를 좇았다. 구릿빛 피부, 헝클어진 머리카락, 거친 손, 작업복, 투박한 말투…. 내 관심을 붙잡은 건 '남자 둘'이 아니었다. 거친 노동과 커피 한잔의 여유가 어울리지 않는다고 단정 지은, 내 안의 편견이었다.

얼마 전, 빵과 쿠키를 만드는 수업에서 만난 남자가 떠올랐다. 쉰을 훌쩍 넘긴 나이, 바닷바람에 닳은 얼굴, 쇳가루가 묻은 듯한 걸걸한 목소리, 태풍에도 끄떡없을 고목나무 같은 덩치. '저 사람이 빵을?' 분명 어울리지 않는 그림이었다. 그런데 웬걸. 반죽을 잘 치대는 건 힘이 좋아 그렇다 쳐도 빵 모양까지 내 것보다 훨씬 매끈했다. 내 빵은 조용히 뒷자리로 밀려났다.

석 달 가까이, 그는 수업에 빠진 적이 없었다. 늘 호탕한 목소리로 반 분위기를 유쾌하게 이끌었다. 단톡방에 수업 사진과 동영상을 빠짐없이 올리고 필요한 재료와 도구 링크도 척척 공유했다. 가끔 간식을 사 오는 다정함까지. 리더십 있고 유쾌하면서 섬세했다. 이런 사람이랑 살면 복권을 안 사도 될 것 같았다.

어느 날 내 반죽이 늦어지자 그가 조심스레 반죽 그릇을 자기 쪽으로 옮기며 말했다.

"이런 거 만지면서 일하믄, 얼굴 붉힐 일도 없지, 뭐."

제빵사가 들으면 밀가루를 뿌릴 법한 농담을 하며, 별일 아니라는 듯 덤덤히 반죽을 치댔다. 가까이에서 그의 손을 바라봤다. 고된 하루의 잔재가 어렴풋이 보였다. 반죽에 따라 들썩이는 어깨 위로 삶의 무게도 함께 움직이고 있었다.

어쩌면 이 순간이 무뎌지고 차가워진 마음을 데우는 시간일 것이다. 철판 위에서 쌓인 팽팽한 긴장감을 반죽에 섞으며 달콤한 빵 냄새에 잠시 숨을 고르는지도 모른다. 빵 굽는 동안 그의 얼굴은 열다섯 살 소년의 모습이다. 조선소 동료는 보지 못한 얼굴일 것이다. 잊고 있었다. 누구도 한 가지 얼굴만으로 살지 않는다는걸. 어제까지 철판과 싸우던 그의 손가락이 빵과 쿠키를 곱게 포장하며 살랑거렸다.

조선소 사람들. 그동안 얇은 선 몇 개로 그들의 삶을 그렸다. 굵고 거친 손, 햇볕에 그을린 얼굴, 무뚝뚝한 표정. 성실하고 고집스러우며 거친, 딱 그런 이미지들. 하루의 모든 에너지를 노동에 쏟아붓고 남은 시간엔 그저 소파와 한 몸이

될 것 같은 사람들. 여유나 취향과는 거리가 멀어 보이고 몇 마디로 충분히 설명할 수 있을 것 같은 모습들.

문을 열고 들어가 보니 커피향으로 노동의 피로를 달래고, 오븐 앞에서 삶의 균형을 맞추는 사람들이 있다. 7년째 퇴근 후 단어장을 펴고 낯선 언어를 익히는 사람, 거실과 베란다를 작은 도서관으로 꾸민 사람, 숨은 골목 풍경을 종이 위에 옮기는 사람, 일터 이야기를 글로 엮는 사람, 피곤한 몸을 시 한 구절에 기대는 사람…. 시인의 눈, 화가의 손, 학자의 마음이 그들에게 있다.

노동자라는 이름으로는 모두 담을 수 없는 얼굴이다. 작업복에 하루를 묻히고 돌아온 저녁, 몸은 피곤함에 잠기지만 마음은 쉽게 닳지 않는다. 고단한 생활에 깎여 나가면서도 저마다 작은 세계를 끝내 지켜 낸다. 누구에게도 말하지 않은 꿈과 가슴에 움켜쥔 작은 위로 한 줌은 어디에서도 빛을 잃지 않는다. 이따금 삶이 유난히 버거운 밤, 자신을 비추는 조그만 불빛이 되어 따뜻하게 빛을 밝힌다.

회색 작업복에 묻혀 보이지 않던 다른 얼굴이 나의 무심함을 잔잔히 흩뜨려 놓았다. 이제야 조금씩 보인다. 거제의 진짜 얼굴이.

마음이 머무는
자리

떠나지 않을 이유가 없다. 남편도 이직했고 거제와 나 사이에 특별한 연고가 있는 것도 아니다. 그저 남편 따라 들어온 섬, 잠시 머물다 나올 곳이었다. 불편한 섬 생활을 견디며 언젠가 떠날 날을 기다렸다. 홀로 계신 아빠가 계신 곳으로 가야 했다.

그런데 이상하게도 마음은 반대로 움직였다. 자꾸만 남고 싶어졌다. 청개구리가 따로 없다. 머무를 명분이 사라진 곳에 대체 왜 남고 싶은 걸까? 나조차 낯선 감정. 이런 게 미련인 걸까? 버릴 물건을 상자에 담아 두고는 도무지 닫지 못한 채 하나씩 다시 꺼내어 들여다보는 기분이었다.

"전보 신청서 안 낼 건가요?"
"아, 네…. 내는 게 맞겠죠?"

"일단 써 봐야죠! 필요 서류 챙겨서 기한 내로 꼭 내세요."

아빠가 계신 지역에 티오(TO)가 나서 관외 전보 신청을 받는단다. 내 사정을 아는 실장님이 일부러 전화까지 했다. 예전 같으면 망설임 없이 신청서를 낼 텐데 이번엔 자꾸 미루고 싶었다. 뾰족한 이유도 없이 차일피일. 결국, 마감 하루 전에야 겨우 제출했다. 전보 확정 명단에 이름이 박혀 있길 간절히 바라는 마음은 어딜 가고, 이름이 없기를 은근히 바라는 마음까지 들었다. 이렇게까지 떠나기 싫은 걸까. 낯설었다. 당황스러웠다. 왜일까? 따져 묻지 않을 수 없었다.

질문의 시작은 외로움이었다. 잠깐 머무를 손님이라 생각한 이곳에서 외로움은 생각보다 묵직하고 끈적했다. 혼자 있는 시간이 길어질수록 마음에 구멍이 숭숭 뚫렸다. 그 사이로 차가운 바람이 들이쳤다. 도시에선 바쁜 일상 밑에 외로움을 슬쩍 묻어 둘 수 있었다. 여기선 그게 통하지 않았다. 외면하려 할수록 외로움이 뼛속까지 파고들었다.

끝까지 밀려난 마음 가장자리에 누군가 조용히 의자를 끌어와 앉았다. 낯설게 따뜻한 기척이었다. 바쁘게 흩어지는 인연에선 느껴 본 적 없는 온기였다. 사람에게 마음이 가기 시작했다. 당연하게 여기던 가족이 더 소중해지고 스쳐 가는 인연에도 마음이 가닿는 일이 잦아졌다. 비 오는 날 부침개를 들고 문을 두드리던 옆집 언니. 텃밭에서 캔 농작물을 건네던 아랫집 할머니. 떡볶이 한 접시 포장에 김밥 한 줄을 덤으로 얹어 주던 사장님. 사소한 장면들이 사진처럼 남았다. 그들을 닮아 가고 싶었다. 정확히 말하자면 나도 그렇게 살 수 있으면 좋겠다고 생각했다.

그들처럼 말하고 웃고 문을 두드렸다. 오래 지나지 않아 익숙하지 않은 말이 입에 붙었다. 어느새 누군가의 하루 안으로 발을 들이고 있었다. 그게 누군가를 닮아 간 건지, 잊고 있던 나인지는 잘 모르겠다. 이곳을 떠나면 그 감정이 희미해질까, 내 안에 남은 그들이 점점 작아질까, 그게 조금 두려웠다.

삶은 자꾸만 멀리, 높이 가라고 하지만 어쩐지 마음은 늘 가까운 자리에 머물렀다. 꼭 해야만 하던 일은 어느새 굳이 하지 않아도 되는 일이 되었다. 할 수 없는 것은 그대로 두기로 했다. 남은 것은 크지 않지만 그 작음이 오히려 나를 덜 지치게 했다. 비워진 시간을 못 견디는 불안도 잠잠해졌다. 아무 일도 일어나지 않는 하루가 편안하고 뭔가 빠져 있는 상태가 도리어 마음을 가볍게 했다. 생활의 빈틈은 억지로 메워야 할 무언가가 아니었다. 그 빈틈은 숨이 드나드는

자리라는 걸 조금 늦게 알았다.

애써 채우려 하지 않으니 일상도 조금 느슨해졌다. 어제 넣어 둔 빨래가 건조기에 그대로 있어도 대수롭지 않다. 설거지를 미뤄 둔 채 읽고 싶은 책을 펼치고, 마트로 향하던 걸음을 멈추고 벤치에 앉아 바람과 햇살로 배를 채운다. 무릎 나온 추리닝을 입고 나와 햇볕 아래 늘어진 고양이를 한참 동안 바라본다. 그 사소한 느슨함 속에 내가 있었다. 아무 일도 일어나지 않는 시간에 오히려 내 안의 일들이 조금씩 움직였다. 오랫동안 조용하던 마음, 기억 어딘가에 접어 두고 잊고 있던 내가 다시 천천히 걸어와 낮은 목소리로 나를 불렀다.

거제에서 처음으로 나 자신에게 친절한 사람이 됐다. 그런 나를 잃고 싶지 않다. 섬을 떠난다는 건 조급하고 분주하던 예전의 나로 되돌아가는 일 같다. 어렵게 만난 나를, 이제 겨우 마음에 들기 시작한 나를 이대로 놓치고 싶지 않다.

그래서일까. 떠날 수 있는 기회 앞에서 한 걸음씩 자꾸 물러섰다. 애틋함일까, 두려움일까, 아니면 아직 살아 보지 못한 이곳의 하루 때문일까. 주춤거리는 내게 먼저 다가와 조용히 등을 토닥여 준 고마움 때문일지도. 멈추고 바라보는 법을 가르쳐 준 느린 시간 덕분일지도 모르겠다. 이유가 되지 않을 것 같던 것이 결국엔 떠나지 못할 이유가 되어 버렸다. 머물러야 할 특별한 뭔가가 있는 게 아니라 떠날 수 없게 하는 것들이 쌓였다.

선택이란 논리보다 마음이 머무는 자리로 자꾸만 기울어지는 일인지도. 지금은 그저 이곳에 조금 더 나를 묶어 두고 싶다.

이곳이
아프다

"옛날 어느 마을에 형제가 살았어. 어느 날, 동생이 요술 맷돌을 얻게 됐는데, 욕심 많은 형이 그걸 훔쳐서 바다로 도망가 버렸지. 거기서 소금을 만들기 시작했는데, 문제는 멈추는 법을 몰랐던 거야. 결국, 소금이 넘쳐흘러 배는 가라앉고 말았어. 지금도 그 맷돌은 바닷속에서 소금을 만들고 있대. 그래서 바닷물이 짠 거래."

어릴 적, 엄마가 읽어 준 전래 동화 〈요술 맷돌〉 이야기다. 권선징악, 과유불급 같은 교훈도 담겨 있는 제법 그럴듯한 이야기지만 그보단 엄마의 따뜻한 품과 나지막한 목소리가 좋아서 오래도록 가슴에 남았다. 바다를 볼 때마다 바다 밑에서 여전히 돌아가고 있을 그 맷돌을 떠올리곤 했다.

거제에 온 뒤로 맷돌 이야기는 조금씩 흐려졌다. 보이지 않는 맷돌보다 먼저 다가온 건 눈앞에 있는 얼굴들이다. 가족의 생계를 위해, 아이들 학비를 위해, 병든 부모를 돌보기 위해, 자신의 가게를 차리겠다는 꿈을 위해 흘린 수많은 땀방울. 그것들이 모여 바다를 만들고 있다. 퇴근 후, 피곤이 겹겹이 묻은 남편의 얼굴을 볼 때마다 일면식도 없는 무수한 얼굴이 겹쳐 지나간다. 베란다 너머로 바다를 보고 있으면 마음이 소금물에 절여지는 듯했다.

"회사 사람 중에 혼자 와서 일하는 사람이 많제?"
"반 이상이 혼자 와 있지."

혼자 밥을 먹고, 걷고, 잠드는 일상을 잠시 떠올렸다. 말 건넬 이 하나 없이 하루를 끝내는 적막한 밤을 보듬어 주고 싶었다.

"집에 한번 초대해라. 삼계탕 같은 건 별로 안 힘들다."

마음의 짠 기운을 조금이라도 덜어 낼 심산이었다. 큰 결심 없이 장을 보고 닭을 삶았다.

"아이고, 제수씨, 이래 우르르 와도 괜찮나 모르겠습니더."

대충 물만 튕겨 낸 것 같은 새까만 얼굴들 사이로 은은한 비누 냄새가 풍겼다. 빗질까지 한 모양이다.

"별거 없어요. 가끔 이렇게 얼굴 보는 거지요."

요리를 기대하지 않도록 포석을 깔았다. 다행히 음식이 입에 맞는 모양이다. 하긴 온종일 몸을 쓰고도 밥을 깨작거리는 게 더 이상할 것이다. 젓가락이 쉴 새 없이 움직이고 하나둘 걸리적거리는 작업복 소매를 걷어 올린다. 발그레진 귀 옆으로 흐르는 땀방울을 어깨로 닦아 낸다.

걷어 올린 소매 사이로 거뭇거뭇한 상처들이 드러났다. 앉을 때 당겨 올라간 바지자락과 반쯤 내려간 양말 사이로 드러난 다리에도 비슷한 상처들이 보였다. 한 겹씩 쌓인 고단한 날들의 무늬처럼. 남편에게 조심하라고 다그친 게, 참 얕은 소리구나 싶어 가슴이 뻐근했다. 무심한 잔소리가 상처가 되진 않았을지, 입안에서 밥알이 맴돌았다.

"재범 씨, 여자 친구도 잘 지내죠? 그때 보니까 참 예쁘던데."

올라가 있던 그의 입꼬리가 잠시 멈췄다. '아차!' 밥알이나 계속 굴릴걸. 괜히 분위기 살리려다….

"헤어졌어요."

그 얘기만은 아니길 바랐는데, 역시나. 입을 묶어 놓아야 했다.

"죄송해요. 제가 괜한 말을…. 인연이 아닌 거죠."

사랑이 모자란 건 아니었다. 다만 사랑보다 먼저 짊어진 것들이 더 무거웠을 뿐. 서른, 세상이 궁금하고 하고 싶은 일도 많고 가고 싶은 곳도 많을 나이. 하지만 그에겐 늘 홀로 계신 어머니가 먼저였다.

또래보다 성숙하고 배려가 몸에 배어 있는 사람. 회사 형들 사이에서 동생 노릇을 톡톡히 해내는 청년. 몸이 부서져라 일해도 자신에게 돌아오는 건 얼마 없지만, 어머니를 모실 수 있어 감사하다는 어른. 급한 생계 앞에 꿈도, 연애도, 취미도 다 내려놓은 그의 구부정한 어깨가 자꾸 눈에 얹혔다.

"동균 씨, 허리 다친 건 좀 어때요? 너무 빨리 복직한 거
아니에요?"

"인자, 괜찮습니더. 편한 것만 살살 하고 있습니더."

현장에서 몸을 쓰는 일이다 보니, 동료들에게 폐가 될까
싶어 다 낫지도 않은 몸으로 복직했다고 들었다. 그 마음을
아는 동료들은 그의 일을 나눠 맡아 돕고 있었다. 남편이 연
차도 쓰지 않고 아픈 몸으로 출근하는 걸 보며 미련하다고
화를 낸 적이 있다. 그 자리엔 나를 빼고 미련한 사람들만
있었다. 그 미련함이 서로를 버티게 한 힘이었다.

마무리는 차가운 맥주 한 캔씩. 오늘의 수고를 한 방에 보
상받은 듯 더 바랄 게 없다는 표정으로 들이켠다. 맥주 캔을
감싼 손바닥의 도톰하고 울퉁불퉁한 선들이 닮았다. 오랜
세월 굳어 딱딱한 굳은살. 익숙해진 고단함의 무늬이자 말
보다 정직한 기록. 속은 아직 여리고 다치기 쉬운데 단단한
표면이 그걸 오래도록 감추고 있었다. 작업복 소매를 걷어
야만 드러나는 상처들처럼. 단단한 살이 자리 잡기까지 얼
마나 많은 시간을 버텨 온 걸까. 맥주를 삼키는 목울대를 타
고 그들의 하루가 뚜벅뚜벅 걸어왔다.

고단한 하루를 지우기엔 밤은 늘 짧았다. 남편은 긴 울음을 토해 낸 아이처럼 잠들었다. 배를 걷고 잠든 그의 잠옷을 슬며시 매만졌다. 허술한 샤워로는 지워지지 않은 고된 흔적이 여기저기 남아 있다. 몸으로만 말할 수 있는 것들을 하나, 둘, 손끝으로 따라갔다. 마른 가죽처럼 거칠어진 손바닥을 조심스레 만져 보았다. 늙은 나뭇결 같은 이마를 천천히 쓸어내렸다. 이제야 조금 알 것 같았다. 저녁 밥상 앞에 앉는 일이 얼마나 많은 전투 끝에 얻은 일상인지를.

삐그덕삐그덕, 녹슨 기계처럼 뻣뻣해진 그의 몸이 이리저리 뒤척이는 걸 보며 다짐했다. 그 안에 여전히 다치기 쉬운 속살이 있다는 것을…, 잊지 않기로.

유가족과
생존자

평범한 오늘이 누군가에게는 모든 것이 무너지는 날이다. 퇴근 시간도 아닌데 회색 작업복 차림의 사람들이 길을 메우고 있다. 불길하다. 제발 아니길. 왼손으로 조여 오는 심장을 토닥이며 오른손으로 서둘러 핸드폰을 꺼냈다. 몇 초간 울리는 연결음이 몇 시간처럼 느껴졌다. 온몸에 서늘한 바람이 불었다.

"지금 집에 가는 중이다."

다행이다. 남편의 목소리에 목구멍에 걸려 있던 숨이 풀어졌다.

"왜 이렇게 전화를 늦게 받노?"

안심이 되자 다급한 마음이 쏟아져 나왔다.

"바로 받았는데…."

무사하다는 사실에 감사하면서도 잔여물이 남은 듯 마음이 개운치 않다. 이 안도감이 누군가에게는 닿지 못할 테니까.

며칠 후, 그날의 얼룩진 여운이 아직 가시지 않은 저녁이었다.

"언니, 커피 한잔할래?"

"무슨 일 있나? 신랑 밥 안 챙겨도 되나?"

그 집 남편은 저녁밥 없인 잠을 안 자는 사람이었다.

"우리 신랑, 며칠째 출근 안 하고 있다. 저녁밥도 안 먹는다네."

"왜? 어디 아프나?"

"그건 아니고, 며칠 전에 사고로 죽은 사람 있잖아…. 우리 위층 사는 사람이거든."

"…."

"그 언니 엘리베이터에서 만났는데, '안녕하세요'란 말이
안 나오더라."

비슷한 시간 엘리베이터에서 늘 인사하던 사람, 잠옷 차
림으로 쓰레기장에서 마주치던 사람, 놀이터에서 가볍게
인사를 주고받던 사람이 어느 날 갑자기 하늘의 별이 되었
다. 그것도 내 일터에서 일어난 사고로. 한순간에 모든 게
무너질 수 있다는 충격. 다시는 만날 수 없다는 상실감. 돌
이킬 수 없다는 무력감. 그리고 내게도 그런 일이 언제든 일
어날 수 있다는 두려움. 여러 감정이 뒤엉켜 한꺼번에 덮친
다. 출근은 어림없다.

이곳에 이사 온 뒤로 해마다 인명 사고가 있었다. 많을 땐
한 해에 네다섯 명의 이름이 사라지기도 했다. 딸아이는 네
살부터 "아빠, 절!대! 안 다띠게 해 두떼요."라고 기도했다.
그 기도가 계속된 건, 언제든 다칠 수 있다는 걸 어린 마음
도 알았기 때문이다. 하루를 무사히 살아 낸다는 사실이 어
떤 날은 놀랍고 어떤 날은 서글펐다. 평범한 오늘이 기적 같
은 날이라는 것을 매일 몸으로 느꼈다.

수십 톤의 중장비와 거대한 선박을 다루는 일은 늘 위험
과 맞닿아 있다. 작은 실수가 치명적인 사고로 이어지기도

한다. 하지만 늘어난 작업량 때문에 피로가 누적된 몸들이 투입될 수밖에 없다. 숙련되지 않은 손에 무거운 책임이 얹힌다. 안전 관리라는 체계는 있지만 그게 든든한 생명줄이 되어줄 리 없다.

그래서일까, 사람들은 일상적 불안을 품고 살아간다. 아침 출근길에 나누는 짧은 눈빛과 인사엔 서로의 안녕에 안도하는 마음이 담긴다. 퇴근 후 기울이는 맥주 잔에 무탈했던 하루에 대한 감사를 붓는다. 그렇게 함께 겪어 낸 상처는 서로 기댈 언덕이 된다.

이별의 그림자를 안고 산다고 해서 닥친 이별의 슬픔이 덜한 건 아니다. 백 명이 죽든 천 명이 죽든 누군가에겐 한 사람이 전부다. "한 명 사망.", "두 명 사망." 단순히 숫자로만 지우는 세상이 분하고 억울하다. 마지막 인사조차 없이 떠나 간 사실이 가혹하기만 하다. 목소리도 손길도 또렷한데 만질 수 없는 현실이 도무지 믿기지 않는다. 사랑한다고 고맙다고 말하지 못한 후회가 가슴을 후벼 판다. 그의 이름을 꺼낼 수 있는 날이 다시 오기나 할까.

한 가정의 가장이자 누군가의 동료이던 이의 죽음. 오늘은 내가 아니지만 내일을 장담할 수 없다. 떠난 사람에 대한 기억을 떠안고 살아야 한다. 눈앞에서 벌어진 끔찍한 장면,

귀에 맴도는 쟁쟁한 절규. 아무리 발버둥을 쳐도 떨쳐 낼 수 없다. 자신만 살아남았다는 죄책감이 스스로를 갉아먹는다. 다시 일터로 돌아가지만 동료의 죽음 이전으로 돌아가지는 못한다.

떠나고 싶을 만큼 거제가 아프던 때가 있었다. 가벼워지고 싶다는 생각이 자주 들었지만 막상 떠올리면 그 가벼움도 두려웠다. 끝맺지 못한 감정을 남겨 둔 채, 떠나는 일은 도망이라기보다 지워지는 일 같았다. 그렇게 사라지고 싶지는 않았다. 이곳의 위험과 외로움, 되풀이되는 슬픔. 모든 것이 내 몸 어딘가에 남아 있었다. 떠나고 싶은 건 분명했지만 떠나지 못하는 것도 분명했다. 두 마음이 서로 다른 말로 같은 감정을 말하고 있었다.

피하거나 달아나기보다 아주 천천히 이 자리에 머물러 보기로 했다. 고통이 사라져야만 삶이 이어지는 건 아니니까. 고통이 나를 붙잡고 있는 건지, 내가 고통을 붙들고 있는 건지 알 수 없는 나날이었다. 확실한 건 이 자리에 머무는 선택이 불완전하더라도 살아가는 쪽이라는 것이었다.

떠나고 싶으면서도 떠나고 싶지 않은 곳. 아픔과 그리움 사이를 오가며 흐릿한 안갯속에 머물러 있는 곳. 어느새 거

제의 아픔이 내 일부가 되어 버렸는지도 모르겠다. 시간이
더 지나면 이 안개도 걷히겠지. 보고 싶다, 그때가.

차근차근
나에게로

"토끼 굴이다! 이제 집에 다 왔네!"

거제로 가는 길, 그 길엔 비밀스러운 통로가 있다. 딸아이는 여기를 토끼 굴이라 불렀다. 3.7킬로미터에 이르는 해저 터널 구간. 앨리스가 이상한 나라로 들어가는 토끼 굴이란 다온이의 표현이 찰떡이다. 빽빽한 빌딩 숲을 지나 어둠속으로 들어서면 설렘이 달빛처럼 번진다. 터널 끝에 다다르면 눈앞엔 푸른 바다와 조약돌처럼 흩어진 섬들이 펼쳐진다. 3분 만에 열린 다른 세상. 자연의 선명한 색채가 두 팔 벌려 우리를 맞는다. 이제 막 태어나 세상을 처음 마주하듯 새로운 감각이 깨어난다. 몸에 남은 피로와 긴장이 녹아내리고 숨이 가벼워진다.

토끼 굴을 지나 도착한 거제. 시간이 천천히 흐른다. 거센 물살에 휩쓸려 바쁘게 살던 삶을 벗어난 느낌. 도시에선 빠르게 흐르는 물살에 떠밀려 어디로, 왜 가는지도 모른 채 앞만 보고 달렸다. 1등은 꿈도 꾸지 않았지만 뒤처지지 않으려면 목구멍까지 숨이 차도록 뛰어야 했다. 그런데도 끝없는 비교와 경쟁에서 내가 원하는 게 뭔지 생각할 시간은 허락되지 않았다. 빠르게 흐르는 물살에 얼굴을 비춰 볼 수 없듯 '내가 누구인지?', '왜 사는지?' 하는 질문들을 뒤로한 채 그저 바삐 떠내려갔다.

폭포를 지나 잔잔한 강을 만나니 마침내 내가 보였다. 숨 가쁜 속도에 휩쓸리지 않는 삶. 오래도록 참아 온 숨을 내쉬며 수면 위로 떠오르는 기분이었다. 더는 숨을 참을 필요도 앞만 보고 달려야 할 이유도 없었다. 옆을 둘러보고 뒤도 돌아보며 고개를 들어 하늘을 볼 수 있는 삶. 일상 소음이 멀어진 길에서 내 안의 소리를 듣기로 했다.

특별한 약속도 목적지도 없이 그저 바람이 불고 햇살이 앉은 사이를 따라 걸었다. 길의 끝을 묻지 않았다. 걸음이 멈추는 곳이 도착지였다. 한 발 한 발 내디딜 때마다 내 안의 얽히고설킨 마음의 매듭이 하나씩 풀렸다. 가끔 걸음을 멈추고 발밑의 꽃을 들여다보거나 수평선에 눈 끝을 걸어 두었다. 무엇을 보기보다 보이지 않던 나를 가만히 기다리

는 일이었다.

돌 하나, 꽃 한 송이, 바위틈에 낀 이끼까지. 이름 모를 것들이 각자 얼굴로, 저마다 모습으로 거기에 있었다. 바람에 쓰러질 듯 가벼운 풀 한 포기마저 제자리를 지키는 걸 보며 자주 걸음을 멈췄다. 그 풍경이 내게 말했다. 꼭 특별할 필요는 없다고. 가만히 있어도 괜찮은 날이 있다고. 애써 의미를 붙이지 않아도 그저 있는 것만으로도 충분하다고. 조이던 가슴이 서서히 풀어졌다. 쪼그라든 마음이 다시 기지개를 켰다.

아무 일도 일어나지 않은 날들이다. 산은 어김없이 그 자리에 있고 바다는 말이 없다. 바람은 아무것도 묻지 않고 아무것도 남기지 않는다. 시간은 매일 같은 모양으로 접힌 종이처럼 정확히 접히고 펼쳐진다. 어제와 똑같은 오늘이 이상하게도 익숙하면서도 낯설다. 삶은 평범한 순간을 어떻게 바라보느냐에 따라 전혀 다른 얼굴로 보일 수 있는지도 모르겠다. 아무 일도 일어나지 않은 날들이 때로는 가장 많은 것을 남겼다. 오래된 시를 다시 읽듯 거제를 한 줄 한 줄 진심을 담아 마주하고 싶어졌다.

계절의 변화를 따라가며 변하는 것들과 변하지 않는 것

들, 피어나는 것들과 쓰러지는 것들을 지켜보았다. 말없이 시작하고 말없이 끝나는 것들 사이에서 조용히 고개를 끄덕였다. 너무 느려서 끝나지 않을 것들도 너무 익숙해서 사라지지 않을 것들도 결국 모두 끝맺고 사라졌다.

그렇게 계절이 몇 번 바뀌는 동안 나도 조금씩 달라졌다. 뚜렷한 이유를 짚어 말하긴 어렵지만, 더는 서두르지 않게 되었다. 내 안의 속도를 자주 살피게 되었다. 멈춰 서야 어디쯤 있는지 알 수 있다는 것도 깨달았다. 여전히 질문은 많지만 답을 꼭 찾아야 한다는 조바심도 옅어졌다. 답을 몰라도 괜찮다고 생각하니 더는 질문이 나를 외롭게 하지 않았다. 그렇게, 천천히, 나에게 한 걸음씩 돌아오는 중이다.

잡다한 것을 비워 낸 자리에 햇살이 내려앉고 풀 냄새가 퍼지며 파도가 일렁인다. 속을 비워 내니 알겠다. 비워야 채워질 수 있다는 걸. 여유를 허락하고 순간을 충분히 누리며 일상의 속도를 조절해 본다. 소진하지 않고 나로 채우는 삶. 마치 오랜 친구를 다시 만난 듯 나와 가까워지는 기분이다. 멀리 다녀온 마음이 이제야 제자리를 찾고 있다.

그대로
있어 줘

환경을 생각하는 사람이 될 줄은 꿈에도 몰랐다. 나 하나 건사하기도 버거운데 무슨 지구까지. 지구를 구하자고 외치는 사람은 정의감에 불타거나 시간과 돈이 넘쳐 나는 사람인 줄 알았다. 분리배출이 잘하면 충분하다고 믿었다. 거제에 오지 않았다면, 그래서 자연과 가까워지지 않았다면, 지구를 지키는 일은 여전히 남의 일일 것이다.

"한 달에 한 번 바닷가 가서 쓰레기 주울래? 끝나면 밥도 같이 먹고."

바다 쓰레기를 줍는 게 먼저인지, 남이 해 주는 밥을 먹는 게 먼저인지는 중요하지 않았다. 환경 동아리 'GOZERO'는 5년 전, 그렇게 시작됐다. 비슷한 생각을 하는 이들과 근처 바닷가를 걸으며 쓰레기를 줍고 웃고 떠들다 보니, 어느새 환경 도서를 읽고 토론도 하고 교육도 받게 됐다. 그사이 환경교육사나 업사이클링(upcycling) 지도사 자격증을 딴 구성원도 생겼다. 덕분에 지속 가능한 활동을 더 전문적으로 알리기 시작했다.

카페나 식당을 찾아가 '다회용기 할인' 협조를 구하고 주민에게 할인 가능한 매장을 소개했다. 지역에서 많이 버려지는 작업복을 굿즈와 새활용 교육 키트로 다시 살려 냈다. 플로깅(plogging, 달리기를 하면서 쓰레기를 줍는 운동)을 하고 생태 관찰을 겸한 프레셔스깅(preciousging)도 했다. 오늘의 환경 실태와 지속 가능한 삶에 대해 함께 생각하는 시간도 가졌다. 2년 차부터는 지역 우수 동아리로 뽑히고 4000만 원 지원까지 받는 공모 사업에 선정되기도 했다.

매달 열리는 프레셔스깅은 마을 역사 선생님으로 활동하는 구성원에게 거제 곳곳에 얽힌 이야기를 들을 수 있다. 재미있고 유익하여 지역아동센터나 청년연합회 등 다양한 기관이 참여한다. 단순한 줍깅을 넘어 자연을 보는 눈과 자신이 사는 지역을 대하는 마음을 키울 수 있는 시간이다.

"여러분, 이게 바로 고인돌이에요."

"고인돌을 진짜로 보게 될 줄은 몰랐어요!"

"거제에선 지금까지 남방식 고인돌이 일흔한 개나 발견됐어요."

"대에~박! 청동기 시대 사람들이 여기서 살았다고요?"

아이들은 역사책에서나 보던 고인돌을 직접 보고는 눈이 둥그레졌다. 내가 사는 곳에 고인돌이 있다니 타임머신을 타고 갑자기 8000년 전으로 간 기분이다.

코끝엔 청량한 풀잎 향이 맴돌고 머리카락은 바람과 함께 유쾌한 춤을 추었다. 폭신한 흙을 밟으며 굳어 있던 마음도 말랑해졌다. 촉촉한 공기가 메마른 속살을 적셨다. 경계가 흐려지고 조금씩 자연의 일부가 되었다. 눈앞의 쓰레기에 저절로 손이 갔다. 갈 때는 여기저기 흩어져 있던 것들이 오는 길엔 보이지 않았다. 아이들의 얼굴에 흐뭇한 미소가 번졌고 눈에선 별들이 깨어났다.

부서진 병 조각, 말라붙은 봉지, 쓸모를 다한 것들을 하나씩 주워 담았다. 땅이 조금 단정해졌고 마음도 그랬다. 말끝마다 뾰족해지던 마음, 미간 사이에 고여 있던 걱정도 쓰레기봉투와 함께 넣었다. 진짜로 치우고 있는 건 어디에도 쓸 수 없게 된 마음 조각이었다. 몸은 무거웠지만 내 안 어딘가가 가만히 비워지고 있었다. 쓰레기봉투가 불룩해질수록 나는 조금씩 가벼워졌다.

환경에 관심을 두면서 매년 1월에서 3월 사이, 거제에 독수리들이 찾아온다는 걸 알았다. 몽골의 영하 30도 강추위를 피해 3000킬로미터를 날아온 생명들이 한계에 다다른 몸으로 낯선 곳에 도착한다. 기댈 언덕도 날아오를 기류도 없는 땅이지만 살기 위해 머문다. 그들이 머무는 곳을 사람들은 '독수리 식당'이라 불렀다. 환경연합에 모인 후원금으로 동네 마트에서 유통기한이 지난 고기를 구해 식탁을 차렸다. 그늘 하나 없는 허허벌판, 바람만이 드나드는 자리. 그러나 아무것도 갖춰지지 않은 식탁을 찾는 이들은 초라하지 않았다. 허기진 몸이 먼저일 텐데도 서로를 밀어내지 않았다. 질서가 있었다. 굶주림에도 무너지지 않는 품위를 지켰다. 그건 다투지 않고도 살아남는 가장 단단한 방법이었다.

날개를 접고 서로의 체온을 나누며 끼니를 나누는 모습에 익숙한 감정이 밀려왔다. 살기 위해 도착한 낯선 땅. 이유도 목적도 다르지만 그들과 우리는 그런 자리 어딘가에 있었다. 말없이 기대던 식탁, 함께라는 이유만으로 온기를

느낀 겨울. 지나간 그 겨울들에 나도 있었다.

그래서였을까. 슬퍼해야 할 만큼 가까운 존재가 아니라고 여기던 그들의 죽음이 남의 일 같지 않았다. 먹을 게 없어 공중을 떠돌다 굶어 죽은 새. 스티로폼을 먹고 끝내 숨이 멎은 새. 무언가를 너무 많이 가진 자의 손끝에서 아무것도 가지지 못한 삶이 얼마나 쉽게 부서지는지 보았다. 폭력도 아니고 악의도 없지만 책임지지 않은 선택과 대수롭지 않게 여기는 지나친 편리가 돌고 돌아 어딘가의 삶을 무너뜨리고 있었다.

환경을 생각하게 된 건 세상을 구하겠다는 거창한 정의감 때문이 아니다. '지구'라는 이름은 여전히 크고 '환경'이라는 단어는 아직도 어울리지 않는 책임처럼 들린다. 다만, 잊히지 않는 장면들이 있다. 눈을 마주치던 생명들의 표정, 자주 걷던 거리의 풍경, 비에 젖은 흙냄새 같은 것들. 지켜야 한다는 당위보다 오래도록 함께하고 싶은 마음이 먼저였다.

그렇게 가까워지자 친해졌고, 친해지자 그 아픔이 내 것이 되었다. 파도는 어느새 내 노래가 되었고 산은 내 뒷모습이 되었으며 바람은 내 여행이 되었다. 예전엔 꽃을 아무렇지도 않게 꺾었는데, 이제는 길가에 핀 작은 풀 한 포기가 밟히는 것도 괴롭다. 그렇게 조금씩 자연으로 기울어 갔다. 어쩌면 내가 지키고 싶은 건 지구라는 이름을 빌린 나 자신 인지도 모르겠다.

5장

여전히
이곳에

책과의
재회

"엄마는 자기 책만 읽고, 저한테는 책 안 읽어 줘요."

놀이터에서 만난 친구 엄마의 물음에 딸아이가 답했다. 별일 아니라는 듯 무심히 말하고는 씽씽이를 타고 신나게 달아나 버렸다. 잘못한 것도 없는데 괜히 입안이 바짝 말랐다.

"하하! 언니, 애 책 좀 읽어 줘라."

동네 엄마들은 박장대소하고 포복절도했다. 뻘쭘한 웃음으로 대신했다. 변명해 봤자 더 이상해질 것이다.

책 읽는 시간을 딸에게 양보하지 않는다. 나라고 책을 읽어 주기 싫겠는가. 에너지가 무한정 공급된다면야 백 권이고 천 권이고 읽어 주겠다. 하지만 하루 동안 쓸 수 있는 에너지는 정해져 있고 일과를 마치고 나면 안타깝게도 남은 체력이 거의 없다.

남편 없는 독박육아 워킹맘의 하루는 말 그대로 전쟁이다. 아이가 눈 뜨기 전부터 숨이 가쁘다. 숟가락을 놓으며 아이의 일정을 떠올리고 간식과 물통을 챙기며 알림장을 확인한다. 반찬을 꺼내면서 저녁 메뉴를 계산하고 이를 닦으며 옷을 갈아입는다. 아이를 깨워 밥을 먹이고 가방을 챙기는 동시에 출근 준비까지. 출근해선 일하다 말고 아이 스케줄과 학교 알림을 챙기느라 엄마와 직장인 모드를 오간다.

퇴근 후 집에 오면 궁둥이 붙일 틈도 없이 저녁 준비부터 빨래, 청소, 숙제까지 다시 마라톤이 시작된다. 겨우 아이를 재우고 나면 남은 청소와 빨래 개기, 내일 먹을 반찬 손질이 기다린다. 침대에 몸을 누이는 순간 꿈나라로 직행이다. 혼자만의 시간은 꿈에서나 가능하다.

온종일 정신없이 달리느라 생각할 틈도 없다. 아무것도 느끼지 못하기 때문일까. 하루를 꽉 채워도 마음은 비어 갔다. 피아노 건반을 눌러도 소리가 나지 않았다. 빼곡히 일기를 쓰지만 감정 없는 기록일 뿐이었다. 색을 잃은 일상, 느끼지 못하는 날이 쌓여 갔다. 이대로 무뎌지다가는 로봇이

되어 버릴 것 같았다.

입을 꼭 다물고 마음을 채울 시간. 잠깐 멈출 정거장 같은 시간이 절실했다. 영화나 SNS처럼 휙휙 지나가는 것 말고 천천히 나를 만날 수 있는 무언가가 필요했다. 아이를 재운 뒤, 집에서 조용히 할 수 있는 일을 떠올렸다. 뜨개질은 손이 바빠 생각할 틈이 없을 것 같고, 요가는 배운 적이 없어 혼자 할 자신이 없었다. 컬러링북을 샀지만 다섯 페이지도 못 채우고 펜을 놓았다.

결국, 다시 책이었다. 언제나처럼 별다른 조건 없이 나를 받아 주는 피난처. 엄마를 떠나보낸 후 가만히 앉아 있어도 숨이 찼다. 무언가에 매달리지 않으면 금방이라도 가라앉을 것 같아 책을 읽기 시작했다. 필사적으로 몰아치듯, 허겁지겁. 책장을 넘기는 동안에는 엄마 생각이 나지 않았다. 뭔가를 해결하려는 의도는 없지만 글자를 따라가다 보면 슬픔이 조금씩 씻겨 나갔다. 활자를 좇는 것만으로도 마음이 잔잔해졌다. 그렇게 문장을 따라가다 보면 어느새 어딘가에 도착해 있었다.

그 목적지가 기대한 곳이 아닐지라도 그곳에서 마음의 짐을 잠시 내려놓을 수 있었다. 내려놓은 감정이 더는 나를 짓누르지 않았다. 조용히 그것들을 바라보다 보면 떠밀어

내려 하던 마음도 서서히 사라졌다. 가만히 안아 주었다. 밀어내지 않는 일. 그게 처음으로 가능해졌다.

단어를 따라가다 보면 문장이 되고 문장이 모여 잔잔한 흐름을 만든다. 글이 쌓일수록 흐름이 거세지고 마침내 벗어날 수 없는 거대한 힘이 되어 나를 끌어당긴다. 주인공의 감정이 내 감정과 하나로 엉키고 내 안의 경계가 조금씩 무너진다. 이제는 내가 활자를 좇는 게 아니라 활자가 나를 이끌어 간다. 현실이 아닌 걸 알면서도 그게 별로 중요하지 않게 되는 시간, 잠시 나를 잊는다.

한강 작가는 《채식주의자》에서 "우리는 자신을 알기 위해 타인을 필요로 한다."라고 말한다. 주인공의 삶을 따라가다 보면 어느새 타인의 감정이 내 안에 물든다. 그들의 기쁨과 슬픔, 희망과 좌절, 분노와 용서가 깊은 곳을 두드린다. 오랫동안 닫힌 문이 열리면서 잠들어 있던 감정이 하나둘 깨어난다. 깨어난 조각들은 어딘가로 향하고 마음속 빈자리를 채운다. 사실 어디가 제자리인지 확신할 수 없지만 무언가로 채워지고 있다는 느낌만은 분명하다. 조금씩, 천천히, 빈틈이 메워진다. 그리고 더는 이름 모를 감정에 휘청이지 않게 된다.

몇 권의 책으로 문제가 풀리거나 인생의 변화가 일어나지는 않았다. 문제는 여전하고 질문도 그대로였다. 그저 문제를 잠시 내려놓고 타인의 삶에 앉아 보는 시간을 쌓았다. 그 시간이 직접적으로 무언가를 해결해 주진 않았다. 다만, 나만 겪는 고통은 아니라는 사실이, 삶엔 수없이 많은 답안지가 있다는 깨달음이 나를 가볍게 했다. 책의 무게가 늘어갈수록 짓눌렸던 마음이 가벼워졌다.

책을 읽으며 나와의 시간을 보내고 있다. 감정의 골짜기를 넘기도 하고 희망의 언덕을 오르기도 한다. 얽힌 덩굴 사이를 헤치기도 하고 꽃향기 가득한 초원을 지나기도 한다. 오늘도 글자가 우거진 숲을 걸으며, 불어오는 바람에 내 안의 축축함을 말린다.

쓸 만하진 않아도
써야만 했다

또다시 돈이 되지 않는 일을 시작했다. 글쓰기다. 누군가 "왜 글을 써?"라고 묻는다면 "쓰지 않을 수가 없어서."라고 대답할 것이다.

낯선 곳에서 나를 재정의하는 일이 고단한 걸까? 내면의 소리를 꺼내고 싶은 걸까? 아니면 마흔이 돼서야 삶을 돌아볼 필요를 느낀 걸까? 모든 이유가 뒤엉켰다. 풀고 싶지만 무엇을, 어디서부터, 어떻게 시작해야 할지 전혀 감이 오지 않았다. 정리되지 않은 채 쌓여 가는 생각과 감정에 마음이 복잡하고 어지러웠다. 무질서하게 널린 세탁물 위에 다른 옷가지가 계속 쌓이는 것 같았다. 양말 한 켤레를 찾으려고 해도 찾을 수 없었다. 대충 살고 싶지 않았다. 정리가 필요했다.

사실, 커피 한 잔도 마음대로 마시지 못하는 독박육아 엄

마에겐 등산이나 여행은 먼 이야기다. 돈도 시간도 없다. 돈이 있어도 아이 간식이나 더 사야겠다는 생각이 들었다. 시간이 나면 집 앞을 한 바퀴 걸어 볼까, 자전거를 끌고 나가 볼까, 혼자 영화관에 앉아 볼까 고민만 했다. 잠깐 숨통이 트이더라도 계속할 수는 없을 것 같았다.

숨기고 눌러 둔 감정이 잠시 가라앉은 듯하다가도 시간이 지나면 다시 떠올랐다. 결국, 나를 만나는 시간이 필요했다. 피하지 않고 정면으로 맞서는 일. 글쓰기만 한 게 없었다. 노트북 하나면 충분했다. 아이를 재운 밤, 밀린 빨래 더미 앞에서도 쓸 수 있었다. 손에 쥘 수 있는 가장 현실적인 선택이었다.

무엇보다 끌린 건, 글쓰기가 '나'에서 시작하지만 '나'로 끝나지 않기 때문이다. 조용히 꺼내 놓은 마음 한 조각이 누군가의 주머니에 들어갈지 모른다. 그런 연결이 있다는 생각만으로도 혼자 견디는 일이 덜 외롭다. '나'의 이야기가 '우리' 언저리에 닿을 수 있을지 확신할 수 없지만 그저 노트북을 열었다.

결심했다고 해서 곧바로 글이 써지는 건 아니었다. 빈 페이지 앞에 앉으면 머릿속이 하얘진다. 화면의 커서가 깜빡일 때마다 심장도 쿵쾅거린다. 길어지는 기다림에 커서는

'어쩌라고?' 하며 날카롭게 나를 쏘아본다. 아무 대답도 하지 못하고 머릿속은 대환장 파티다. 생각이 부딪히고 얽혀서 도무지 길이 보이지 않는다. 키보드 위에서 손끝이 얼어붙은 지 오래다. '그래, 일단 손이라도 움직여 보자.'라고 결심하고 뭐라도 써 보고자 손가락을 움직인다.

"오늘은, 햇살이 방 안을 가득 채울 때쯤 눈꺼풀을 들어올렸다. 침대에서 나오기 싫어 뭉그적대다가, 커피 한 잔의 유혹에 몸을 일으켰고…"

와, 이건 아니다. 의미를 잃은 단어들이 모니터 위를 굴러다녔다. 논리라고는 찾아볼 수 없는 말들이 방향 없이 날뛰었다. 상상했던 의미는 사방으로 흩어지고, 의도는 어딘가로 날아가 버렸다. 글은 계속해서 눈앞에서 비틀거렸다. 쓰고 싶은 마음은 간절하지만 손끝에서 나오는 단어들은 말하고자 한 의도와 달랐다. 지우고, 다시 쓰고, 또 지우고. 비루한 표현과 상상의 한계를 매번 정면으로 마주해야 했다. 놀라울 일은 아니지만 생각보다 고통스러웠다.

왜 시작했나 싶었다. 내가 쓰는 말이지만 정작 그 말도 스스로 이해하지 못하는 기분. 서로 등을 돌린 문장들 사이에

서 무언가를 붙잡아 끌어내려 애썼다. 여러 색이 뒤섞인 물 감에서 본래의 색들을 찾아 가는 일 같았다. 외국어도 아닌 데 마음을 우리말로 옮기는 일이 이토록 고단할 줄은 몰랐 다. 이쯤 되면 글이 나를 괴롭히는 게 아니라 내가 글을 괴 롭히는 건 아닐까 하는 생각도 들었다. 미로 속에서 돌아갈 수도 멈출 수도 없었다.

글이 마음을 따라잡지는 못했지만 손끝은 끈질기게 키보 드를 두드렸다. 다듬어지지 않은 단어가 하나둘 화면에 떠 올랐다. 어색하게 흩어지던 말들이 서로를 알아보기 시작 했다. 그리고 조금씩 다가가 서로 의지하며 손을 잡았다. 앞 문장이 뒤를 끌어 주고 뒤따라온 문장은 다른 문장을 이끌 었다. 삐걱거리던 흐름도 조금씩 차분해졌다. 마음과 문장 이 점점 닮아가기 시작하고 어지럽던 마음이 서서히 정리 되었다. 흩어져 있던 별들이 하나둘 이어지듯 문장이 선을 이루고 마침내 하나의 별자리가 되었다. 내 이야기를 품은 별자리가 하늘을 가로질러 반짝였다.

뾰족하지 않은 생각, 엉뚱하게 얽힌 문장, 미숙한 표현…. 누군가는 내 글을 '쓸 만한 글'이 아니라고 할지 모른다. 나 역시 가끔 그런 생각을 한다. 이제 막 글을 쓰기 시작한 내 가 누군가의 공감을 바라는 것은 지나친 욕심일지도 모른다. 사실, 남편도 내 글을 읽지 않는다. 글을 쓴다고 해서 인생이 크게 달라지지 않을 거란 걸, 너무 잘 알고 있다.

그래도 쓴다. 쓸 만하지 않은 글이 나를 만들고 있기 때문이다. 걸어온 길, 스쳐 간 감정, 마음에 머문 질문 들이 글 안에 있다. 매끄럽지 않고 종종 끝까지 가지 못하지만 말하고자 하는 순간만큼은 분명히 나였다. 선이 흔들리고 색이 번진 불완전한 자화상이지만 눈빛, 표정, 숨결이 배어 있다. 언젠가는 내 손끝에서 더 선명한 내가 드러날 것이다.

아직도 잘 모르겠다. 내 글이 누군가에게 닿을 수 있을지. 그러나 마음을 마주하는 용기, 어설픈 글을 드러내는 용기, 다시 써 내려갈 용기로 그냥 쓴다. 쓸 만하지 않아도 쓸 말은 있으니까.

다시 사서가
됐습니다

엄마를 떠나 보내고 책 속으로 숨었다. 현실은 안개 같고 문장만이 뚜렷한 형태를 한 세계였다. 슬픔이 내 안에서 무겁게 가라앉을 때마다 책이 나를 데려갔다. 어디에도 없고 어디에나 있는 세계로. 문장들 사이를 거닐며 숨을 쉬고 문장 밖 세상을 살아갈 힘을 얻었다. 그 마음을 안고 문헌정보학과를 선택했다. 책 만지는 일을 하며 살고 싶었다. 하루 대부분을 책들과 보내며 활자들이 머무는 숲에 잠기는 상상을 했다.

상상과 현실은 확연히 달랐다. 전공 공부로 만난 책은 건조했다. 살아 있는 이야기라기보다 분류돼야 할 대상이었다. 주제어와 분류 기호, 목록과 서지, 숫자와 체계 속에서 문장을 읽기 전에 저자명과 출판 연도를 먼저 살폈다. 책이 무슨 말을 하려는지 듣기도 전에 어디에 둘지 고민했다. 도서관 운영, 프로그램 기획, 데이터베이스 구축 같은 과목들은 분명 의미가 있었지만, 그 질서 안에서 내가 어떤 이야기를 하고 싶은지는 좀처럼 드러나지 않았다. 실수 없이 정해진 절차대로 책을 다루는 일이 중요했다. 내가 무슨 말을 하고 싶은지는 중요하지 않았다. 책이 점점 말을 걸지 않았다. 아니, 내가 듣지 않게 된 것 같기도 했다. 누가 먼저였는지 알 수 없었다. 어쩌면 동시였는지도. 우리는 말없이, 같은 자리에 머물렀다.

정해진 규칙과 반복 속에서 책도 나도 사라지고 있었다. 결국, 도망치듯 반대편으로 달려갔다. 다양한 사람과 협업하는 외국계 회사, 매일 다르게 변하는 교육 콘텐츠 회사. 정해진 답이 없고 매일 새로운 변수와 마주해야 하는 환경에서 살아 있다는 감각을 또렷이 느꼈다. 틀 안의 답을 외우는 일상을 벗어나 아직 쓰지 않은 문장을 써 내려가는 기분. 하루를 통째로 태우듯 전력으로 살아 낸 시간은, 그때 내가 살아 있음을 느끼는 유일한 증거였다.

역시나 삶은 원하는 방향으로만 흘러 주지 않았다. 또 한 번 예고 없이 방향을 틀어 거제로 나를 데려왔다. 익숙한 속도가 사라지고 하루를 몇 개의 마감으로 나누던 일상도 멈

췄다. 알람이 없이도 아침이 오는 곳. 해야 할 일보다 견뎌야 할 시간이 많은 곳. 두 손 가득 들고 달리던 일상을 내려놓지만, 손은 여전히 무언가를 움켜쥐려고 안달했다. 이뤄야 한다는 조급함이 등을 떠밀고 이유 없이 자꾸만 엉덩이가 들썩였다. 내 안은 여전히 소란스럽고 바깥은 지나치게 조용했다. 낯선 정적 앞에서 한참을 헤맸다.

할 수 있는 일이라도 해야 했다. 다른 선택지가 없는 상황에서 마주한 건 다시 도서관이었다. 한때는 숨이 막혀 떠났고 다시는 돌아오지 않으리라 믿었던 곳. 10년. 삶은 크고 작은 굴곡을 돌아서 결국 제자리로 데려다 놓았다. 학교 도서관 사서 시험을 봤다. 숫자와 기호로 바뀌던 책들, 서가를 정리하며 정해진 규칙대로 움직이는 일. 기대는 없었다. 마음은 하루에도 몇 번씩 흔들렸다. 이 길이 맞는 걸까, 다시 숨 막혀 오지 않을까. 특별한 열정도 간절한 희망도 없었다. 그렇다고 애써 다른 길을 찾을 기운도 새로운 방향으로 뛰어오를 용기도 없었다. 그저 오늘 할 수 있는 만큼의 일로 하루를 쌓아 올렸다. 어디에 닿을지 알 수 없지만 그것조차 중요하지 않았다.

믿기 어렵게도 운 좋게 합격했다. 하루씩 버려 낸 시간이 여기까지 데려온 것일지도. 그저 담담히 다시 시작할 수 있는 하루가 앞에 놓여 있다는 것만 바라보았다. 그렇게 몇 달, 단조롭고 조용한 날이 이어졌다. 하루는 다른 하루와 거의 구별되지 않았다. 불 꺼진 방의 온기처럼 머물렀다. 그저 시간을 견디는 일이었다.

얼마나 시간이 흘렀는지 기억나지 않는다. 고요함 속에 자신을 가라앉히는 일에 점점 익숙해졌다. 같은 자리, 같은 풍경, 같은 일을 반복하는 하루. 무뎌진 감각이 어느 순간부터 낯선 편안함으로 바뀌고 있었다. 나이를 먹어서일까. 감정이 무뎌진 탓일까. 어쩌면 견디는 일에 익숙해진 탓일지도 몰랐다. '이렇게 살아도 되나?'라는 물음이 여전히 떠돌았지만 '오늘을 먼저 살아 내자!'라는 주문이 자주 떠올랐다. 출근길 걸음이 전보다 가벼워진 것도 그 무렵이었다. 도서관에 더 머물고 싶은 마음도 새롭게 생겼다. 덜 지쳐 가고 있다는 걸 어렴풋이 느끼고 있었다.

거제에서의 시간이 마음의 방향을 조금씩 바꾸어 놓은 건지도 모르겠다. 파도는 매일 같은 자리로 밀려와 부서지고 다시 돌아갔다. 해는 하루도 빠짐없이 떠올랐다 내려갔다. 나무는 그 자리에 서서 보이지 않게 조금씩 뿌리를 뻗어 갔다. 삶은 언제나 같은 날처럼 보이는 날의 연속이지만 정

말로 같은 적은 없었다. 아무 일도 일어나지 않는 것처럼 보이지만 같은 자리에 오래 머물러야 보이는 것도 있다. 변화는 어디로 가는 게 아니라 오래 머무는 데서 생겨나기도 했다. 파도처럼, 해처럼 변하지 않는 것들 속에서 나무처럼 나도 조용히 뿌리를 뻗고 있었다.

책보다 아이들의 얼굴이 먼저 들어왔다. 책장을 넘기지 못하고 멈춰 있는 손가락, 무언가를 붙잡으려는 눈동자, 어제보다 깊게 내려앉은 어깨. 무언가 쓰지 않아도 이미 쓰여 있는 듯한 순간들 사이로 작은 문장들이 떠올랐다. 건네고 싶은 말이 하나씩 마음에 걸렸다. 그 마음을 따라가자 책이 다시 말을 걸었다. 누군가의 마음을 지나 내게 도착한 목소리로. 책 가까이에 머물면서 어느새 사람 가까이에 서 있었다.

마음이 어지러운 날이면 서가 앞에 오래 머물렀다. 삐뚤어진 책등을 바로 세우고 엉킨 분류표를 바로잡는 단순한 동작만으로도 어쩐지 견딜 수 있었다. 책이 제자리를 찾아갈 때마다 내 안의 무언가도 정돈되는 것 같았다. 너무 앞에 있는 생각이 한 걸음씩 뒤로 물러났고, 형체를 알 수 없는 감정은 조용히 가라앉았다. 이걸 정리라고 할 수 있는지, 그저 원래 자리로 되돌려 두는 일인지는 알 수 없다. 굳이 따지고 싶지도 않다.

　그땐 왜 그렇게 서둘러 등을 돌렸는지, 지금은 기억나지 않는다. 떠날 때의 이유보다 돌아온 후의 시간이 더 또렷해졌기 때문이다. 억지로 돌아온 줄만 알았던 이 자리가 어느새 오래 머물고 싶은 곳이 되었다. 어쩌면 이제야 사서 일을 사랑할 준비가 된 것인지도 모르겠다.

심리학 공부

내가 누구인지 잘 안다고 생각했다. 하는 말, 입는 옷, 만나는 사람들로 곧잘 나를 설명했다. 그리고 대개 그 설명은 맞는 것 같았다. 하지만 거제에 온 후로 모든 게 달라졌다. 정확히 말하자면 지워졌다. 시간표도, 직업도, 이름을 부르는 방식도. 익숙한 것이 사라지자 당연하던 나 또한 사라졌다. 의심스러웠다. 그게 정말 나였는지. 처음부터 나를 다시 알아 가기로 했다.

아무도 나를 규정하지 않는 이 섬에서 마침내 내 안을 다시 들여다보기 시작했다. 바쁜 일상에 묻어 둔 이야기, 스치듯 흘려보낸 감정, 기억의 가장자리에 웅크리고 있던 얼굴이 하나둘 떠올랐다. 새로운 듯 낯익고 낯익은 듯 낯설었다. '내가 진짜로 원하는 게 뭘까? 아무도 보지 않을 때, 나는 어떤 표정을 짓고 있을까? 지금 내 마음은 어디로 향하고 있을까?' 쉽게 답할 수 없는 질문이 물처럼 밀려들었다. 흥미롭지만 버거웠다. 눈을 감고 모른 척하고 싶었다.

마음의 소용돌이를 멈추지 못해 혼란이 극에 달하던 어느 날이었다. 도서관에 S가 왔다. 오늘도 그 아인 책장을 흐트러뜨리고 있었다. 가지런히 정돈된 책등이, 아이의 손이 지나간 뒤엔 어김없이 삐뚤어졌다. 단순한 장난인지, 규칙을 깨고 싶은 사춘기의 반항인지 여러 가능성을 떠올려 봤지만, 그날은 더 이상 생각이 이어지지 않았다.

"책이 가지런히 꽂혀 있어야 제목이 잘 보이거든. 굳이 그러는 이유가 뭐야?"

S의 손이 멈추더니, 짧게 대답했다.

"…, 그냥요."

의미를 거부하는 대답. 아이 안에 담긴 무심함이 나를 찔렀다. 속에서 불길이 확 일었다. 작은 불씨지만 오래전부터 그을려 있던 마음이라 쉽게 불이 붙었다. 매섭게 말끝을 세

워 호되게 야단을 쳤다.

단지 S의 행동 때문만은 아니다. 넘치기 직전이던 내 안의 둑이 그 순간 터져 버린 것에 가깝다. 분노라기보다 혼란이 빠져나갈 틈을 찾다가 하필 S에게 흘러간 것이다. 책 사이를 헤집는 아이의 손길이, 괜찮은 척 정돈해 놓은 마음을 자꾸 흐트러뜨리는 것 같아서인지도 모르겠다. 설명할 수 없는 그때의 감정에 붙일 수 있는 말은 아직 없다. 그저 누군가에게 튄, 마음의 불꽃이었다고밖에….

그날 이후, S는 도서관에 나타나지 않았다. 학교에도 오지 않았다. 알아보니 보육원에 보내졌다고 한다. 부모의 이혼 후, 삼촌 집에 얹혀 지내고 있었지만 최근엔 그 집 사정도 어려워졌다고 한다. 그래서 보육원으로 가게 됐단다. 전학을 갔으니 다시 만나기는 어려울 것이다. 사과할 기회도, 마음을 보듬어 줄 기회도 오지 않을 것이다. 속이 쓰렸다.

흐트러진 건 책이 아니라 아이의 마음이었다. 작은 몸으로 감당하기엔 너무 무거운 짐을 지고 있었다는 걸 한참 후에야 알아 버렸다. 삼촌 집에서의 마지막 기대마저 무너졌을 때, 마음은 절벽 끝에 서 있었을 텐데. 떠밀리듯 보육원으로 다시 가던 날, 발걸음엔 돌덩이가 백 개쯤 달려 있었으리라. 버려졌다는 상처, 혼자 감당하기엔 버거웠을 분노와 슬픔. 누구도 자신의 이야기를 들어주지 않을 거란 절망. 책을 흐트러뜨리며 혼자 꾸역꾸역 삼켜 온 감정을 흘려보내려 했던 걸까. 어쩌면 누군가 봐 주길 바라는 몸부림이었는지도. 아이의 빈자리가 지금도 마음 한 곳, 작은 웅덩이로 남아 은밀히 적신다.

마음을 읽지 못해 생긴 오해와 아쉬움. 그건 늘 지난 뒤에 찾아온다. 언제나 너무 늦게 멈췄고 그땐 아무도 없었다. 뒤늦게 밀려드는 자책과 쓰라림은 예고 없이 되풀이되고, 그 감정은 익숙해지지 않았다. 놓친 것인지, 놓아 버린 것인지 어떤 감정은 끝까지 구별되지 않았다. 듣지 않은 말, 외면한 표정, 입 밖으로 나오지 못한 생각을 천천히 더듬었다.

보이지 않는 신호를 놓친 뒤의 늦은 후회를 더는 반복하고 싶지 않았다. 다가온 마음을 제때 알아차리는 사람이 되고 싶었다. 심리학 공부는 그렇게 시작됐다. 얼마간의 공부로 마음을 온전히 이해할 수 있으리란 기대는 없었다. 다만, 서로 닿지 않는 마음과 마음의 틈, 언제나 어긋나기 쉬운 거리를 좁히기 위한 노력이라도 해야겠다고 생각했다.

"선생님, 기분 좋아질 만한 책 없어요? 짧은 걸로요."

"무슨 일 있었나?"

아이는 잠시 머뭇거리다 작게 고개를 끄덕였다.

"사실은, 반에서….."

아이나 어른이나 다른 사람의 감정을 읽는 일은 여전히 어렵다. 아이의 표정, 말끝에 스치는 기색, 짧게 터지는 한숨. 그 사이를 조심스레 따라가 보지만 자주 길을 잃는다. 그럼에도 마음에 다가가려 애쓰면서 알게 된 것이 있다. 끝없고 막막해 보이는 일이 결국은 나를 들여다보는 길이라는 것.

누군가의 마음을 들여다보려 애쓰는 동안 내 안을 마주하게 되었다. 덮어 둔 감정, 꺼내지 않은 말, 유독 예민하던 이유…. 타인을 향해 비춘 거울에 문득 내 얼굴이 보였다. 닮은 듯 낯선 얼굴. 조금씩 타인과도 자신과도 가까워지고 있었다.

심리학도, 책도 결국 같은 곳으로 나를 이끈다. 사람을 이해하고 싶다는, 사람과 이어지고 싶다는 바람으로. 그게 오만일 수 있다는 걸 안다. 어떤 마음은 끝내 닿지 않고 어떤 상처는 말로 건널 수 없다는 것도. 그럼에도 누군가의 마음이 반쯤 열린 책처럼 앞에 놓일 때면, 그 옆에 가만히 머물고 싶다. 다 읽으려 애쓰기보다 조용히 책갈피 하나 꽂아 두고.

공부 공동체의 시작, 독서 모임

책은 늘 혼자 읽었다. 분주한 일상에서 누군가와 시간을 맞추는 건 또 다른 피로였다. 적당한 반응을 주고받아야 하는 부대낌에서 벗어나 독서만큼은 오롯이 나만의 시간이길 바랐다. 내가 고른 문장과 나를 지나간 감정으로만 채워진 작은 세계. 그런 점에서 적당히 조용하고 필요 이상의 간섭이 없는 거제가 책 읽기에 더없이 좋았다.

그런 내가 '함께 책 읽기' 매력에 빠질 줄 몰랐다. 학교에서 주어진 '학생 및 학부모 독서 모임' 운영을 맡으면서다. 그저 업무였다. 필요한 걸 준비하고 정해진 시간을 채우면 그만인, 숙제 같은 시간. 그런데 몇 번의 모임이 이어지자, 그 시간이 선물처럼 느껴졌다.

책은 덮는 순간부터 진짜 읽히기 시작한다는 말을 실감할 수 있었다. 밋밋하던 활자가 누군가의 삶, 기억, 목소리를 타고 책 밖으로 걸어 나왔다. 같은 문장도 서로 다른 경험과 시선을 통해 전혀 다른 이야기로 들렸다. 어떤 이에겐 지나간 겨울이고 다른 이에겐 오지 않은 봄이었다. 누군가는 자신을 잃고 누군가는 되찾았다. 사람과 얽힌 문장은 끊임없이 변신하며 자꾸만 다른 얼굴을 얻었다. 하나의 이야기는 열 개가 되고 열 개는 스무 개가 됐다. 낯선 시선이 익숙한 문장을 흔들고 방향을 틀 때마다 새로운 풍경이 펼쳐졌다. 하나뿐이라고 믿던 길이 갈림길로 나타났다. 책은 완전히 새로운 지도로 변했다.

새로운 세계를 마음껏 헤매고 싶었지만 학부모나 학생과의 독서 모임에서는 역할이라는 선을 넘지 말아야 했다. 말은 오갔지만 조심스러웠다. 말의 형태를 갖추기 전에 이미 접어 둔 감정이 있었고, 어떤 문장은 입에 머물다 끝내 삼켰다. 갈증만 짙어졌다. 진짜 내 이야기를 꺼낼 자리가 간절했다. 그런데 대부분의 독서 모임은 노키즈존(No Kids Zone)이었다. 아이가 있다는 이유만으로 문턱이 높았고, 하루도 내 맘대로 할 수 없는 독박육아 엄마는 초대받지 못했다. 문밖에서 여러 번 멈췄다.

유튜브로 보는 낭독 영상으로 마음을 달래고 댓글로 짧은 교감을 나눴다. 여럿이 둘러앉아 나누는 독서 모임을 혼

자 흉내 냈지만 금세 허전함을 들키고 말았다. 혼잣말이 더는 위로가 되지 않을 즈음, 글 쓰는 플랫폼에서 알게 된 K에게 톡이 왔다.

"온라인 독서 모임 하고 있는데, 같이 할래요?"

하늘은 스스로 돕는 자를 돕는다고 했던가. 어둡던 마음에 작은 불이 켜졌다. 바로 온라인 독서 모임에 뛰어들었다. 엄마도 직장인도 아닌, 오롯이 '나'로 돌아가는 시간. 적당한 조명 아래, 모니터 앞으로 반쯤 식은 찻잔이 놓여 있다. 준비물도 간단하다. 책 한 권, 차 한 잔, 수다 떨 마음. 민얼굴에 목이 늘어난 티셔츠, 드넓은 이마를 과감히 드러낸 묶음 머리 스타일로 모니터 앞에 앉았다. 약간의 집중력으로 조심스레 끼어들 타이밍을 노리며 대화를 이어갔다. 서울, 제주, 심지어 해외에 있는 사람들과 연결되며 작은 화면은 세상을 연결하는 창이 되었다. 어느새 영어 원서, 고전, 그림책, 환경 독서 모임까지. 어떤 주간은 네 번이나 모니터 앞에 앉아 책 이야기를 나누기도 했다. 독서 모임은 전혀 다른 배움의 세계였다.

책 한 권을 두고 서로 다른 삶이 마주 앉는다. 정해 놓은 커리큘럼도 없고 시험이나 성적표도 없다. 정답을 찾는 대신 질문을 찾는다. 빠르지도 느리지도 않게 각자의 속도로 각자의 자리에서 성장한다. 낯선 시선이 익숙한 문장을 비틀고 삶의 다른 면이 보인다. 혼자서는 결코 닿지 못했을 세계가 눈앞에 열린다. 아무도 가르치지 않지만 배움은 깊어졌다.

함께 책장을 넘기다 보면 속도가 어긋나고 시선이 엇갈리기도 했다. 서로의 문장을 끝까지 따라가지 못하는 일도 있었다. 가끔은 놓치고 가끔은 기다리며 계속 읽었다. 나를 읽고 너를 읽었다. 읽다가 멈추고 다시 읽었다. 완전히 닿을 수 없다는 게 오히려 계속 읽게 했다. 어쩌면 끝내 닿지 않기 위해 계속 함께 읽는 건지도 모르겠다.

최근엔 오프라인 독서 모임을 시작했다. 구성원은 비슷한 처지의 엄마들과 그들의 아이들. 혼자라면 가능하지 않을 일들이 함께라서 가능했다.

"영어 그림책 좋은 거 많은데, 내가 하브루타식으로 해 볼게."

"경제 책 읽고 보드게임 하면, 애들도 재밌어 할 것 같다. 내가 맡을게."

"책 모임 끝나고 보물찾기 어떻노? 근처 학교 운동장에서. 내가 준비해 볼게."

함께 읽는 일은 배움으로 이어지고 나눔으로 넓혀지더니 놀이로 번졌다. 다들 이런 모임에 배고팠던 걸까. 모임의 깊이도 넓이도 전혀 달라졌다. 문장 하나를 얻고 하루치 체력을 다 써야 하지만 어쩐지 기다려지는 모임이 됐다. 계산상으론 손해인데 이상하게도 기분은 이득이다.

거제에 와서야, 비로소 진짜 바다를 만났다. 책은 배가 되고, 사람들의 이야기는 바람이 되어 다른 세계로 데려갔다. 오늘도 나는 그 항구에 서 있다.

노 하나로
떠나는 여행

대학 시절, 독서치유 프로그램을 접하면서 그림책 매력에 빠졌다. 글로는 표현할 수 없는 철학과 감정을 담은 예술 작품 같은 책. 간결한 문장에 담긴 이야기의 깊이가 무엇보다 매력적이었다. 글과 그림이 서로 보완하며 이야기를 풀어 가는 방식, 그림이 전달하는 뉘앙스, 책을 손에 쥐었을 때 느껴지는 질감과 판형의 다름까지. 모두 흥미로웠다.

거제에 온 지 네 해쯤 됐을 무렵,《노를 든 신부》라는 그림책을 만났다. 외딴섬에 사는 소녀가 손에 노 하나를 쥐고 섬을 떠나려 했다. 모두가 말했다. 노 하나로는 아무 데도 가지 못한다고. 소녀는 끝내 섬을 떠나지 못했다. 그러던 어느 날, 늪에 빠진 사냥꾼을 만났다. 소녀는 자신이 가진 유일한 것, 노를 내밀었다. 모두가 '쓸모없다'라고 말하던 바로 그 노로 한 생명을 건졌다. 그날 소녀가 건져 올린 건 사냥꾼만

이 아니었다. 스스로 만든 한계와 의심, 그 안에 묻혀 있는 자신도 함께 끌어 올렸다. 소녀는 알게 되었다. 손에 쥐고 있던 노의 가치를. 마침내 그 노로 소녀는 삶을 바꾼다.

처음 거제에 올 때 나는 두 개의 노를 가진 줄 알았다. 그 노로 바다를 가를 수 있을 것만 같았다. 막상 도착해 보니, 내 손에 쥐어진 건 하나뿐이었다. 그것도 작고 낡은 노. 그 래도 뭐든 해 보겠다고 마음을 다잡았다. 용기를 냈다. 하지 만 일 년도 지나지 않아 깨달았다. 노 하나로는 바다를 건널 수 없다는 걸. 거센 파도를 넘기엔 손에 든 노가 너무 약하 고 낡았다. 무모한 용기와 근거 없는 낙관은 현실이라는 바 람 한 번에 속절없이 부서졌다. 대책 없이 시작한 이곳에서 대책 없이 흔들렸다. '하나의 노로 뭘 할 수 있을까?', '어디 까지 갈 수 있을까?'라는 목소리가 점점 더 커졌다.

그림책을 다 읽고도 책을 덮지 못했다. 책을 덮고도 그 안 에서 나오지 못했다. 가슴 안쪽이 뻐근하게 부풀었다. 낯선 곳에서 수없이 거절당한 순간이 떠올랐다. 알지 못하는 얼 굴들 사이로 어색하게 끼어들던 시간, 이력서를 낼 때마다 느끼던 내 존재의 가벼움, 다정한 말 너머로 느껴지던 얇은 벽, 어디에서든 자리를 찾기 위해 애쓰던 날들. 터질 듯한 울음을 안고 잠든 딸아이 옆에서 입술을 깨물던 밤들. 저어도 저어도 제자리를 맴도는 것 같았다. 아니, 저을수록 마음은 오히려 안으로 깊게 가라앉았다. 차라리 움직이지 않는 편이 덜 아플 것 같았다. 실망할 일도 무너질 일도 없으니까. 결국 멈췄다. 노를 내려놓았다. 바닥에 놓인 노를 보아도 더는 손이 가지 않았다. 팔이 굳었다. 마음도 굳었다. 아프지 않았다. 대신 아무것도 느껴지지 않았다.

하지만 소녀는 끝내 노를 내려놓지 않았다. 바다도 건널 수 없고 모두가 쓸모없다고 한 그것을. 어쩌면 노는 처음부터 어딘가에 닿기 위한 도구가 아닐지 모른다. 지금 여기, 멈춰 선 시간을 견디기 위해 쥐고 있어야 했던 것. 누군가는 고집이라 하고 누군가는 두려움이라 하지만, 노는 무너지지 않기 위해 붙잡고 있던 단단한 다짐이었다. 소녀가 끝내 놓지 않은 건, 어디까지 가야 할지가 아니라 지금을 살아 보려는 마음이었다.

노는 그 자체로는 아무것도 아니다. 진짜는 노를 쥔 손이다. 바닥에 놓아 둔 차가워진 노를 본다. 그 곁을 몇 번이나 맴돌다 마침내 손을 뻗었다. 오래 비워 있던 손바닥이 천천히 노를 감쌌다. 무언가를 이루겠다는 다짐은 아니다. 다만, 파도가 어디로 데려가든 상관없는 사람은 되지 않겠다는

의지다.

　이곳에서 노 하나로 해를 가리고 꽃밭을 일구고 별을 세며 살아간다. 아무리 저어도 앞으로 나아가지 않을 때도 있고 그저 노를 휘두르다 끝날 때도 있다. 여전히 앞에 있는 한계에 부딪히고 멈추길 반복한다. 이렇게 부딪히며 배워가는 어설픈 몸짓이 쌓일수록 나에 대한 믿음의 뿌리도 조금씩 뻗어 간다. 뿌리가 깊어지고 바람에 덜 흔들리는 지금, 어쩌면 나는 바다를 건너고 있는지 모른다. 손바닥을 펼친다. 손바닥 위에 낡았지만 단단한 노 하나가 놓여 있다.

그림책
초보 강사

　"그림책 좀 알제? 어르신들하고 그림책으로 죽음 이야기
좀 하려고. 한 시간만 부탁할께."

　"어르신은 처음인데, 그것도 죽음 얘기를 하라고?"

　"애들한테 하던 대로 하면 된다. 그림책이니까, 가볍게 풀
면 되지."

　"못한다. 딴 사람 구해라."

　"강사료가 없다. 공짜로 부탁할 사람이 니밖에 더 있나?"

　"…."

　하는 수 없이 도서관에서 그림책을 뒤적였다. '죽음에 관
해, 가볍게.'라는 말만 되뇌며 몇 권을 골랐다. 산다는 게 이
미 충분히 깊고 복잡한데, 긴 여정을 걸어온 이들에게 굳이
무거운 질문까지 얹고 싶진 않았다. 무엇보다 죽음을 심도

있게 다룰 깊이와 경험이 내겐 없다. 죽음을 말하기보다 들어야 할 쪽에 더 가까웠으니까.

한참을 서성이다 세 권을 추렸다. 삶과 죽음이 처음부터 하나라고 말해 주는《나는 죽음이에요》, 죽음을 설레고 편안한 여행으로 그린《여행 가는 날》, 살아 있음의 의미를 묻는《백만 번 산 고양이》. 말을 아끼는 책들이었다. 지루하지 않도록 간단한 활동도 준비했다. 가볍게 웃을 수 있는 문장도 몇 개 적어 두었다. 강의 시작 전 분위기를 띄우려고 가수 임영웅의 노래도 수십 번 들었다.

긴장 반 걱정 반으로 주민센터 단상에 올랐다. 인사를 건네고 고개를 들었다. 한 사람, 또 한 사람, 작은 의자에 앉아 나를 바라보는 얼굴들. 세월에 닳고 깎여 금이 간 얼굴들이 말없이 울고 있다. 묻지 않아도 느껴지는 것들이 주름 사이에 가만히 고여 있다. 눈동자엔 흐르지 못한 눈물이 맺혀 있다. 모두가 살아 있는 이야기꾼이다. 가슴 한복판에서 뜨거운 설움이 솟구쳤다.

아직 내가 건너지 못한 시간을 건너온 사람들에게 죽음을 이야기한다는 게 두려웠다. 감당할 수 없는 무게를 가벼운 말로 꺼내는 일이 될까 봐. 결국, 내가 할 수 있는 건 정직해지는 일이었다. 죽음을 아는 척하지 않기로 했다. 지금 내 마음이 어떤지 그대로 꺼내 놓기로 했다. 첫 문장을 꺼냈다. 목소리는 작고 손끝이 조금 떨렸다. 두 번째 문장, 세 번째 문장. 그사이에 짧은 숨이 들고 났다. 천천히 고개를 끄덕이는 분들이 계셨고, 어딘가에서는 작은 웃음이 새어 나왔다. 그제야 간신히 말을 이어갈 수 있을 만큼 숨이 풀렸다.

강의가 끝난 뒤, 마음에 남은 말이나 버킷리스트를 적을 수 있도록 캘리그래피 액자를 준비했다.

"선생님이 대신 좀 적어 주믄 안 되겠나?"

아차! 글을 모르는 분들이 계실 거라고는 미처 생각하지 못했다.

"그럼요. 밤새 글씨 연습했는데, 아무도 써 달라고 하지 않으면 어쩌나 걱정했잖아요."

죄송한 마음을 감추며 정성껏 써 드리자, 여기저기서 대신 써 달라는 요청이 쏟아졌다.

"나는 힘들어서 못 살겠다고 써도."

"아이고~ 우리 어머님하고 똑같이 말씀하시네."

'힘들어도 살자.'라고 적어 드리니, 내 눈을 보며 활짝 웃으셨다. 아들 자랑을 늘어놓으시던 할머니께는 '아들아, 용돈 넉넉히.'라고 써 드렸다. 속마음을 들킨 듯 깔깔 웃으셨다. 그렇게 모두 자기만의 문장을 꺼냈다.

이후 '청춘 사진 찍기' 프로그램이 이어졌다. 차례를 기다리는 동안 말동무가 되어 드리고 촬영을 마친 뒤엔 소지품을 잊지 않도록 챙겼다.

"선생님, 내 좀 도와도."

강의 내내 생글생글 웃으시던 할머니가 다짜고짜 손을 잡아끌었다. 화장실이었다. 그곳에서 씩씩하게 참아 오던 울음을 터뜨리고야 말았다.

"나는 이게 마지막 사진일지도 몰라서…."

할머니는 고이 싼 한복을 꺼냈다. 눈물이 불쑥 솟았다. 얼른 닦아 냈지만 들킨 뒤였다.

"울지 마라. 나는 죽는 연습 많이 해서 괜찮다."

"죽는 연습을…. 어떻게 하신다고요?"

"낮잠 엄~청 많이 잔다."

울다가 웃었다. 그는 죽음을 살아 있는 것을 말하듯 덤덤하게 풀어놓았다. 설명도 감정도 덧붙이지 않은 짧은 말이다. 그 한마디가 내가 몇 시간 동안 준비한 문장들을 단숨에 밀어냈다. 울음을 토해 낸 자리를 남몰래 닦아야 했던 밤, 사랑하는 사람들을 떠나보내고 살아야 했던 날들. 그의 말에는 그때를 지나온 사람만이 할 수 있는 진한 세월이 묻어 있었다.

아빠 얼굴이 떠올랐다. 엄마가 하늘로 떠난 지 스무 해. 자식들 앞에서는 강한 척하시지만 외로움은 항상 어디에선가 새어 나왔다. 아빠를 볼 때면 깜깜한 밤바다에 홀로 잠들지 않는 등대가 생각났다. 바람이 불어도 폭풍이 와도 그 자리에 그대로 있는 사람. 내가 길을 잃을 때마다 이끌어 주던 쓸쓸한 빛. 외로움은 감추려 해도 끝내 감춰지지 않는다는 걸, 아빠를 보며 알았다.

언젠가는 아빠의 빛도 꺼질 것이다. 언제, 어떻게, 무엇을 남기고 싶은지, 받고 싶은 치료는 무엇인지 물어야 할 말이

많다. 조금은 이기적인 질문들 앞에서 목구멍까지 올라온 말이 있었지만 끝내 나오지 않았다. 단상 위에서 죽음을 용기 있게 직면해야 한다고 힘 주어 말했지만, 사실 그 공간에서 제일 겁쟁이는 나였다.

순간순간 뭉클한 마음과 삶에 대한 수많은 생각이 뒤엉킨 긴 하루였다. 뜻깊은 경험이지만 두 번은 못 할 것 같았다. 그것을 감당하기엔 내 삶의 두께가 너무 얇았다. 얼른 집에 돌아가 뜨거운 물에 몸을 담그고 싶다는 생각뿐이었다. 정리되지 않은 여운이 뜨거운 물에 지워질 수 있기를 바랐다.

마지막 인사를 하며 강의실을 나오려는데, 한 할머니가 내 손을 꼭 잡았다.

"정권 바뀌고 나서, 대통령이 이런 거 해 주는 거 처음이다. 선생님, 고맙데이."

'흔들리지 마! 더는 못 해.'라고 다짐하며 도망치듯 주민센터를 빠져나오려는 찰나, 다른 분이 길을 막았다.

"선생님, 나는 국민학교도 못 나왔는데, 오늘은 학생 된 거 같아서 좋았다."

이번엔 타격이 있었다. 가슴 한쪽이 찌르르 울렸다. 결국, 그림책 강의를 이어가게 되었다. 그것도 강사료까지 받으면서. 참, 결정적으로 내 마음을 돌려놓은 한마디!

"선생님, 그림책은 글자 몰라도 볼 수 있제?"

스스로에게 선생님이
되기로 했다

배움은 세상에 흩어져 있는 퍼즐 조각을 줍는 일이다. 어디에 끼워야 할지는 아직 알 수 없다. 어떤 그림이 될지도 모른다. 어쩌면 끝내 아무 그림도 완성되지 않을 수 있다. 그렇다고 멈출 이유는 없다. 조각을 찾아다니는 과정 자체로 충분하니까. 사람들은 묻는다. 그걸 배워서 뭐 하냐고. 왜 돈도 안 되는 일만 하냐고. 대답은 아직 준비되지 않았다. 그 조각들이 당장 어디에 쓰일지 나도 모른다. 굳이 이유를 말해야 한다면 배움은 무언가를 이루기 위한 수단이 아니라는 것이다.

커피가 좋아 바리스타 공부를 했다. 느닷없이 찾아온 역류성 식도염 때문에 커피 대신 차로 갈아탔다. 그리고 나서 티 블렌딩에 빠졌다. 빵이 좋아 제과제빵을 배우고 아이유 노래를 듣다가 기타를 잡았다. 산만한 성격을 고치겠다고 서예를 시작해 먹까지 갈아 봤다. 오늘은 재즈댄스를 추고 내일은 요가를 배울 수도 있고, 마라톤을 하다가 명상에 빠질지도 모른다.

"그냥 하나를 진득하게 배워 보는 게 어때?"

그럴듯한 조언이다. 하지만 세모 모양인 사람에게 네모가 되라고 할 수는 없는 법. 나는 아직도 길을 찾는 중이다. 어쩌면 애초에 완성되는 길이 없을지도 모르겠다. 삶이 꼭 하나의 그림으로 끝나야만 하는 건 아닐 테니까. 질서 없이 흩어진 듯 보여도 나다운 삶의 무늬다.

무한 질주하던 호기심이 '거제'라는 단단한 벽 앞에서 멈췄다. 이곳 사람들은 대부분 한 우물을 깊게 판다. 마음먹은 기술 하나로 평생을 살아 낸다. 깊이는 존경할 만하지만 여러 우물을 얕게 파는 내게는 그야말로 사막 같은 곳이다. 뭔가를 배우려면 쓸모 있어야 하고 생계와 닿아 있어야 했다. 조선소 관련 자격증이나 직업 훈련은 환영받지만 문예창작이나 아크릴 회화 같은 것들은 뒤로 밀렸다. '배워서 뭘 할 건데?'라는 물음 앞에서 나부터 설득해야 했다. 도시에선 취미인 것들이 여기선 설명이 필요한 사치였다.

"재즈댄스요? 그런 건 없어요."

"백드롭 페인팅이요? 그게 뭐죠?"

"인문학 클래스요? 그건 인기가 없어서요."

이곳에서 흔히 볼 수 있는 건 취업이나 생계와 바로 연결되는 컴퓨터 자격증, 요리, 제과제빵 등 실용적인 프로그램이다. 분명한 방향의 좁은 선택지. 가끔 비건 홈베이킹이나 디지털 드로잉처럼 눈에 띄는 강좌가 반짝 등장하기도 하지만 거리가 멀거나 시간이 맞지 않았다. 그리고 얼마 지나지 않아 조용히 사라지곤 했다. 도시에선 쉽게 누릴 수 있는 것들이 이곳에선 시간도 비용도 두 배로 들었다. 배움의 폭을 넓히기엔 한계가 있었다.

시간이 흐르는 소리가 크게 들렸다. 처음엔 불안했다. 다음엔 지루했고 조금 지나자 아무 감정도 느껴지지 않았다. 할 수 없다고 생각하니 하고 싶다는 마음도 사라졌다. 하루는 조용히 다음 하루를 덮었다. 그 위에 또 하루가 얹혔다. 그사이로 나도 조금씩 묻혀 갔다. 깊어지는 적막 속에서 내 안의 경고등이 희미하게 깜박였다. 이대로 가라앉으면 다시 떠오르지 못할 것 같았다. 움직여야 했다. 숨이 트이는 정도만큼이라도.

작은 것부터 시작했다. 책을 펼치고 밑줄을 그었다. 어떤 문장 앞에선 그대로 주저앉아 마음을 눌러 한두 줄 적었다. 그렇게 적은 말들이 그날의 생각을 정리해 주었다. 인터넷 강의도 찾아 들었다. 컴퓨터 화면을 켜는 일만으로도 뭔가를 해 볼 수 있다는 것에 어깨가 펴졌다.

영어 원서를 읽으며 낯선 단어들이 만든 이야기에 빠졌다. 미술사 책과 철학 책을 넘기며 모르던 존재에 붙여진 이름을 알았다. 컴퓨터 화면 속 캘리그라피 강사의 목소리에 맞춰 낯선 곡선을 따라갔다. 오일페인팅과 디지털 아트에도 도전했다. 별것 아닌 시간이 눌려 있던 마음의 주름을 펴 주었다. 미술 심리, 독서 하브루타, 환경교육지도사, 글쓰기까지. 그렇게 다시 세상 퍼즐 조각들을 주워 담았다. 어디에 끼워질지는 중요하지 않았다. 무언가가 되기 위한 게 아니라 나로 살아 보려는 노력이었다.

방향 없이 옮겨 다닌 관심, 끝까지 가지 못한 시작, 잠깐 반짝이다 사라진 열정. 그 조각들이 모두 나였다. 어딘가로 가기엔 늦고 무언가가 되기엔 모자라지만, 조각이 모여 지금의 내가 있다. 완성된 적은 없지만 내가 아니었던 적도 없다. 그러니 빠진 조각이 몇 개 있어도, 모서리가 맞지 않거

나 제자리를 찾지 못한 것 같아도 내 그림은 충분히 아름답다.

누구에게도 설명할 수 없는 이유로 여전히 배우고 싶고 살아 있고 싶다. 그렇게 거제에서 스스로에게 선생님이 되기로 했다. 자주 돌아서고 종종 멈추더라도 끝까지 기다려주는 한 사람으로.

'나'로
사는 삶

레오 리오니의 《프레드릭》에는 오래된 돌담 옆, 헛간에 사는 들쥐들이 등장한다. 다가오는 겨울을 준비하며 다른 들쥐들이 쉬지 않고 먹이를 모으는 동안 '프레드릭'은 전혀 다른 일에 몰두한다.

　"프레드릭, 넌 왜 일을 안 하니?"
　"나도 일하고 있어. 춥고 어두운 겨울날을 위해 햇살을 모으는 중이야."

　프레드릭은 햇살뿐만 아니라 색깔도 이야기도 모은다.

　'쯧쯧. 저게 얼마나 갈까?' 고개를 저었다. 더 많은 돈, 더 높은 자리, 더 큰 집, 더 많은 경험. 늘 '더'를 좇으며 살았다.

다른 사람의 속도를 따라가지 않으면 불안했고, 가만히 있는 자신을 용납할 수 없었다. 그런 내게 프레드릭은 그저 게으르고 무책임한, 철없는 이상주의자로 보였다. 혹독한 겨울을 겪어 본 적 없는, 현실 감각과 계획이 제로인 공상가.

마침내 겨울이 찾아왔다. 모아 둔 식량은 바닥을 드러냈고 들쥐들은 말이 없어졌다. 굶주림보다 무거운 침묵이 굴속을 메웠다. 그때 프레드릭이 입을 열었다. 그동안 모아 둔 햇살 몇 줌, 색깔 몇 조각, 이야기 몇 줄을 꺼내 놓았다. 계절이 남기고 간 말의 조각들이었다. 첫 풀잎이 고개를 들던 촉감은 봄이고, 풀숲 너머로 들려오던 벌레 소리는 여름이었다. 바닥에 내려앉은 잎사귀의 무게는 가을이었다. 이야기로 배를 채우진 못하지만 겨울을 견디는 힘이 되었다.

거제에 온 뒤, 잠들어 있던 내 안의 프레드릭이 깨어났다. 오랫동안 붙잡고 있던 '언젠가'를 하나둘 놓아 주었다. 거기에 '지금 여기'가 들어섰다. 구름 사이로 스며드는 햇살 한 줄기, 놀이터를 가로지르는 비눗방울 몇 개, 저녁 공기를 물들인 이웃집 된장찌개 냄새. 프레드릭이 모은 건 햇살도 색깔도 이야기도 아니다. 지금을 느끼는 일. 다시 오지 않을 오늘을 놓치지 않으려는 마음이다.

빗방울이 창문을 타고 흐르는 소리. 젖은 나무껍질의 서늘한 질감. 차 한 모금에 온몸으로 퍼지는 은은한 향. 예전엔 그저 스쳐 갔던 순간이 하루를 채우는 중심이 되었다. 생활의 속도를 늦추고 일상을 촘촘히 채우는 작은 기쁨을 음미하는 일. 매일 나를 둘러싼 눈앞의 아름다움을 눈치채는 일. 예전엔 비생산적이라 여겼던 오늘의 미세한 진동이 지금은 나를 채우는 중심이 되었다.

어디로 가는지보다 지금 내가 어떤지에 마음을 기울인다. 어제의 연장도 내일의 준비도 아닌 오로지 오늘이라는 완전한 세계를 마주한다. 속도를 내며 달려야만 진심으로 사는 게 아니라는걸. 손끝으로 시간을 만지며 오늘을 충분히 만끽하는 것이야말로 삶을 진심으로 대하는 것임을 깨달았다.

'더'를 좇던 생활도 덜어 내기 시작했다. 움켜쥐고 있던 욕심, 불필요한 걱정, 끝없이 이어지던 비교, 성공이라는 환상과 더 나은 내가 돼야 한다는 강박까지 하나씩 내려놓았다. 대단하진 않아도 더 나은 나를 위해 싸워 온 시간을 덜어 내려니 온몸에 구멍이 숭숭 뚫리는 것 같았다. 이러다 사라지는 건 아닐지, 비워진 나를 감당할 수 있을지 의심했다.

걱정과 달리 '더'를 덜어 내자 내가 남았다. 사라진 건 내

가 아니라 내가 아니던 것들이었다. 가면 뒤에 숨어 있던 진짜 나를 만났다. 상사 앞에서는 날카로운 완벽주의자, 가족 앞에서는 뭐든 척척 해 내는 든든한 딸이자 며느리이자 엄마이자 아내, 친구 앞에서는 웃으며 고민을 덜어 주는 상담자. 모두 괜찮은 사람으로 보이기 위해 쓰던 가면이었다. 나와 상대를 지키기 위한 것이지만 때로는 진짜 나라고 착각하게 만든 가면들.

가면을 벗었다. 안쪽엔 낯선 얼굴이 있다. 오래전부터 알고 있는 얼굴이지만 직접 마주한 건 처음이다. 무너질 듯 흐물거리는 표정, 숨기고 지우려던 상처가 아직 남아 있다. 떨고 있다. 누구도 손을 내밀지 않을까 봐, 이대로 잊힐까 봐. 잔뜩 웅크린 등을 가만히 안았다. 뼈마디가 느껴질 만큼 가벼운 등이다.

"미안해. 이제야 알아 봐서."

속삭이자 안겨진 내가 등을 들썩이며 울었다. 긴 시간 눌렸던 눈물이 멈추지 않고 흘렀다. 재촉하고 비틀며 쌓아 온 시간이 무너졌다. 덧없이 흩어질 모래성처럼. 그토록 잃을까 봐 두려웠던 가면은 처음부터 내 얼굴이 아니었다. 더는

'남들처럼', '남들보다'라는 성을 쌓지 않기로 했다.

그렇게 찾은 내가, 지금, 글을 쓰고 있다. 어설프게 엮인 단어와 늘어난 문장, 삐걱거리는 논리를 드러내며. 다른 사람의 잣대가 머릿속을 여전히 굴러다닌다면 글쓰기는 시작하지 못했을 거다. 비판은 두렵고 무관심은 더 무서우니까. 잘 쓰는 글보다 마음에 닿는 글을 쓰기로 하자 용기가 생겼다. 이야기는 누군가의 겨울에 닿을 것이다. 겨울 한복판에 햇살 몇 줄이 되어 줄 수 있기를. 먹을 것은 못 되도 산책길에 잠시 숨 고를 수 있는 의자쯤은 되었으면 한다. 그렇게, 딸아이가 깨지 않은 새벽, 오징어를 물고 앉아 키보드에 손을 얹고 내 안의 것들을 손끝으로 흘려보낸다.

이 순간을
힘껏 만나 볼게

거제에서의 삶은 잎을 모두 떨군 겨울나무를 닮았다. 한여름의 질푸름이 사라진 지 오래. 화려하지도 번잡하지도 않다. 아무것도 걸치지 않은 채, 단순한 선들만 남았다. 가지 사이로 바람 소리만 지나간다. 감춰야 할 것도 드러낼 것도 없는 삶. 그 안에서 나무는 느리게 자란다. 가지 끝에는 작은 싹이 맺히고 있다. 보이지 않을 만큼 작지만 나무는 이미 다음 계절을 품고 있다. 한 번도 서두르지 않으면서.

바다가 천천히 얼굴을 바꾼다는 걸 배운 곳. 비 오는 날, 공기 중에 섞인 흙과 물의 냄새를 알게 해 준 곳. 해가 뜨고 질 때마다 하늘이 얼마나 다른 표정을 짓는지 보여 준 곳. 이곳에서 나는 비워졌고, 또 채워졌다. 변한 건 바깥이었을까. 아니면 안이었을까.

며칠 뒤면 이곳을 떠나야 한다. 떠나야 할지 머물러야 할지, 그간 이어져 온 마음의 줄다리기도 드디어 끝났다. 짐을 싸며 떠날 준비를 하지만 떠나지 못할 추억들이 그 자리에 몸을 뉜다. 새로운 시작의 설렘보다 이곳에서의 기억을 더듬는 아련함이 마음을 덮는다.

　언제부터였을까. 남편 때문에 떠밀리듯 오게 된 거제가 남편 덕분에 올 수 있던 곳이 되고, 어느새 내가 선택한 곳이 돼 버린 게. 어쩌면 내가 이곳을 선택한 게 아니라 이곳이 나를 선택한 건지도 모르겠다.

　어제는 자주 가지 못하던 한적한 거리의 식당에서 점심을 먹었다. 밥보다는 이곳의 구석구석을 오래도록 씹었다. 무심코 지나친 것들이 자꾸 목에 걸렸다. '다시 올 수 있을까?' 같은 물음을 몇 번이나 삼켰다. 더 멀리까지 가고 싶었

다. 식당에서 한 시간쯤 가야 하는 정반대편에 있는 카페로 향했다. 가는 길에 낯익은 것들이 드문드문 섞여 보였다. 손글씨 간판, 담벼락에 기대어 선 자전거, 닫힌 가게 앞에 누운 고양이…. 마지막까지 놓치고 싶지 않은 것들을 가만히 눈으로 끌어안았다. 한 모금씩 커피를 넘길 때마다 기억도 밀어 넣었다.

　"맞다! 견우직녀 등대한테도 인사하고 가야지."

　딸아이는 오래된 친구에게 인사하고 싶은 모양이다. 한여름 밤의 기억이 묻어 있는 그곳으로 향했다. 어둠이 완전히 내려앉기 전, 바다는 잠시 숨을 고르고 있었다. 검푸르게 짙어지는 하늘 아래, 빨간 등대와 하얀 등대가 서로를 바라보고 있다. 닿을 듯 말 듯 끝내 닿지 못한 채, 마주 선 두 개의 몸. 그 사이에서 딸아이는 싱싱이를 타고 오가던 밤을 떠올렸다. 귀에 감기던 바퀴의 잔울림, 달빛에 부딪혀 번지던 웃음소리, 볼을 스치던 소금기 먹은 바람. 아이는 가만히 서서 두 등대 사이에 내려앉은 밤의 여운을 손끝으로 더듬듯 바라보았다. 눈빛은 아직 사라지지 않은 여름밤의 끝자락을 붙잡고 있었다.

언젠가 이렇게 거제를 떠나야 할지도 모른다. 그럴 일은 없을지도 모르지만 홀로 계신 아버지와 쇠약해지는 시부모님, 하루가 다르게 커 가는 딸아이를 생각하면 계속 이곳에 머무는 일이, 나만의 욕심일 수도 있다는 생각이 든다. 그럴 때면, 이곳의 바람 한 점도 그냥 흘려보내고 싶지 않다. 삶은 그렇게 역설적이다. 이별의 그림자를 떠올리는 순간, 머물던 자리가 선명해지고 비우려 할수록 가득해진다. 그래서였을까, 그리움은 떠나기 전부터 시작된다는 말이 생긴 건. 아직 오지 않은 시간 앞에서 벌써 이곳을 그리워한다.

사라지기 전의 것들은 유난히 또렷한 얼굴을 하고 있다. 익숙한 풍경, 몸 어딘가에 남은 감각, 버릇 같은 시간. 붙잡지 않아도 내 것인 것들이 영영 돌아오지 않을까 두렵다. 다행히 나는 아직 여기에 있다. 이 순간을 힘껏 만나 보려 한다. 마음의 문턱을 넘지 못한 채 어설프게 지나친 시간, 닿을 듯 말 듯 겉돌던 기억까지 천천히 껴안는다. 이곳의 빛과 바람과 비. 모든 것을 내 안에 새긴다. 떠나는 일이 이곳에 머물던 나를 데리고 가는 일이라면, 그건 완전한 이별이 아닐지도 모르니까.

이곳에서의 삶을 더듬는 시간은, 구겨진 감정을 하나씩 펼쳐 보는 일이었다. 글을 쓰다 여러 번 멈췄다. 머릿속을 떠다니던 생각이 손끝으로 내려오지 않을 때가 있었다. 단어들은 바다 아래로 가라앉아 잡히지 않았다. 숨을 고르고 밑바닥까지 잠수했다. 그곳엔 오래된 기억이 있었다. 따뜻하거나 날카롭거나 잊은 줄 알았거나 일부러 닫아 두었던 것들. 조용히 손을 뻗어 문을 두드렸다. 먼지 쌓인 풍경과 잊힌 목소리가 깨어났다. 마치, 내가 오기만을 기다리고 있었다는 듯.

엉성한 글을 세상에 내놓으려니 녹슨 경첩이 삐걱대는 문을 여는 기분이다. 가까이 다가가는 것조차 망설여진다. 손끝으로 낡은 표면을 더듬고, 주춤거리다 마침내 살며시 문을 연다. 문 너머의 풍경이 누군가의 긴 하루 끝에 작은 불빛이 되기를. 말없이 등을 토닥이는 온기가 되기를 바라며.